Siegfried Kohlhammer
Auf Kosten der Dritten Welt?

Siegfried Kohlhammer

Auf Kosten der Dritten Welt?

Nachwort von Rupert Neudeck

Steidl

Herausgegeben von Kurt Scheel

1. Auflage Mai 1993

Buchgestaltung: Klaus Detjen
Satz, Scanlithos, Druck, Bindung:
Steidl, Düstere Straße 4, 3400 Göttingen
ISBN 3-88243-245-4

Daß wir auf Kosten der Länder der Dritten Welt leben, daß unser Reichtum auf dem Elend und der Ausbeutung der Dritten Welt beruht, ist ein weitverbreitetes Vorurteil – bei Linken und Grünen aller Art, weltoffenen Christen, Friedensfreunden, Menschen guten Willens von der CDU bis zur RAF, Verfassern schöngeistigen Schrifttums und deren sensibler Leserschaft, kurzum: den *Edlen Seelen*[1].

»Wir ziehen alle unheimliche Vorteile aus der Dritten Welt«, schreibt *Zeit*-Leser Frank Reif, Göttingen; gemeint ist wohl, in den Worten eines prominenteren Autors, die »verfehlte, ausbeuterische Wirtschaftspolitik des Nordens gegenüber dem Süden« (Horst-Eberhard Richter). Aber »wenn sie (die Armen der Dritten Welt) sagen, sie und ihre Welt seien von uns und unsrer Welt bestohlen worden, antworten wir ihnen: Dann bleibt uns gestohlen« (Christoph Hein). Und Heiner Müller weiß, »daß die Dritte Welt eine Macht ist; daß die, auf deren Kosten man lebt, dem nicht ewig tatenlos zusehen werden«.

Wir sind nicht nur der Indifferenz gegenüber dem Elend angeklagt, sondern dessen aktiver Verursachung: weil wir die Dritte Welt ausbeuten, sind wir so reich und sie so arm. Unterentwicklung und Armut, sterbende Kinder, Epidemien, Flüchtlinge ... sind die Folgen unseres Reichtums. »Genozid« ist derzeit[2] das Höchstgebot im Überbietungswettbewerb der Ankläger in Sachen Dritter gegen Erste Welt. Daß solche Anschuldigungen nicht weiter übelgenommen und, wenngleich zerknirscht, ohne nähere Überprüfung hingenommen werden, sollte erstaunen. Offenbar wird in solchen Fällen das Gehirn derart mit Schuldgefühlen überschwemmt, daß sein normales Funktionieren erheblich beeinträchtigt ist. Nun sind ja Schuldgefühle zunächst eine sozial hochwillkommene Erscheinung: Sie indizieren eine gelungene Internalisierung moralischer Normen, sind eine adäquate Reaktion auf deren Verletzung und bilden eine Grundlage dafür, diese in Zukunft zu unterlassen. Sinnvoll aber sind Schuldgefühle offenbar nur, wenn die Untaten wirklich begangen worden sind und so, wie die Anklage behauptet – und wenn sie zu einer Verhaltensänderung führen.[3] Beides ist aber im Fall der Selbstanklage der Ersten Welt nicht der Fall. Wenn es dabei nicht zu der bei Vorwürfen üblichen Widerrede kommt, so wohl auch deshalb, weil der Vorwurf der Ausbeutung der Dritten Welt im Zusammenhang historisch tatsächlich verübter Untaten steht, für die sich der Angeklagte *irgendwie* mitverantwortlich fühlt. In Deutschland wirkt vermutlich auch das Beispiel jener abschreckend, die die deutsche Schuld am Holocaust oder gar diesen selbst leugnen. Angesichts dessen scheint man moralisch auf Nummer Sicher zu gehen, wenn man auch im Fall der Dritten Welt alles zugibt und noch eins draufsetzt: Genozid, sowieso!

Zu den reflexhaft sich einstellenden Äußerungen der Edlen Seelen beim Thema Dritte Welt gehört zunächst die, daß die Erste Welt deren Armut und Not »verdrängt«, »wegsieht«, »die Augen verschließt vor...«. Nun mag es den Entwicklungsländern ja an allem mangeln, an einem aber gewiß nicht: Publizität. Die Tages- und Wochenpresse berichten regelmäßig, ausführlich und – in der

Regel – sachkundig und sympathetisch, so auch das Fernsehen, und die wissenschaftliche und populärwissenschaftliche Literatur zum Thema füllt Bibliotheken. Von 1991 bis zum Herbst 1992, als es dann unbestreitbar ein Medienereignis wurde, konnte man kaum einen Pressebericht über Somalia lesen, in dem nicht die Indifferenz und Untätigkeit der Weltöffentlichkeit beklagt wurden. Zur gleichen Zeit waren in Somalia Beobachter und Helfer verschiedener UNO-Organisationen, das Internationale Rote Kreuz, Médecins sans frontières und andere nichtoffizielle Organisationen tätig sowie, zahlreich vertreten, die internationale Presse. Inzwischen ist es der Sudan, den wir verdrängen, morgen Simbabwe oder Moçambique – alles Länder, über die wir, soweit wir lesen und einen Fernsehapparat bedienen können, regelmäßige und recht zuverlässige Informationen erhalten. 1992 schreibt Susan George, »die meisten Leute« in den Industrieländern »wissen wenig und kümmern sich noch weniger um das Schuldenproblem der Dritten Welt. Es scheint langweilig und wird vom Fernsehen nicht behandelt.«[4] Zu diesem Zeitpunkt hatte sie selbst bereits zwei erfolgreiche Bücher – eins davon in der populären Penguin-Taschenbuchreihe – über dies Thema veröffentlicht und war als Beraterin einschlägiger Fernsehbeiträge tätig gewesen – einer davon die Fernsehbearbeitung ihres Penguin-Buches zum Schuldenproblem. Es ist schon erstaunlich, welche Macht die Phrase auch über gewöhnlich gut funktionierende Köpfe ausübt.

Die Menschen in den Industrieländern wissen aber nicht nur, was in den Entwicklungsländern geschieht, sie tun auch etwas, um ihnen zu helfen. Schon 1969 hatte der Pearson-Report wahrheitsgemäß festgestellt, daß noch nie in der Geschichte so viele Menschen sich um die Armut der Menschen in anderen Ländern kümmerten (und im allgemeinen war man in den Industrieländern besorgter um die Armen der Dritten Welt als deren Regierungen) – in den Entwicklungshilfe-Ministerien wie in den Projekten an Ort und Stelle, in der Weltbank wie in den Gewerkschaften, im Vatikan wie in den wirtschafts- und sozialwissenschaftlichen Instituten, auf Gipfelkonferenzen und in den Abteilungen für Tropenmedizin – und nicht nur offizielle Hilfe wurde geleistet, die privaten Organisationen sammelten weltweit jährlich etwa 5 Milliarden Dollar; »mehr als 70 Prozent der Bevölkerung in der BRD (spenden) regelmäßig oder gelegentlich für die Linderung fremder Not. Das ergibt ein jährliches Spendenaufkommen von schätzungsweise 2 bis 3 Milliarden DM ... Rund 50 Prozent dieser Spenden kommen der Entwicklungshilfe einschließlich ihrer Randbereiche zugute.«[5] In Großbritannien ergab 1983 eine landesweite Umfrage, daß 71 Prozent der Bevölkerung Hilfe für ärmere Nationen befürworten; eine EG-weite Umfrage desselben Jahres fand entschiedenes Einverständnis mit dem Satz »Wir haben eine moralische Pflicht, ihnen (den Menschen der Dritten Welt) zu helfen«. In Japan unterstützen 45,1 Prozent der Bevölkerung die gegenwärtige Entwicklungshilfe, 35,2 Prozent sprechen sich für deren Erhöhung aus. Die Mehrzahl der Postsparkonteninhaber hat sich bereit erklärt, 20 Prozent der Zinsen für die Dritte Welt zur Verfügung zu stellen (die japanische Post ist zugleich die größte Bank der Welt).[6] Die Behauptung also, die Mehrzahl der Menschen in den Industrieländern verschlössen ihre Augen vor dem Elend der Dritten Welt, ist bestenfalls eine gedankenlose Floskel, viel eher aber eine arrogante Herabsetzung anderer Menschen, denen man die eigene selbstlose Sorge um fremde Not nicht zutrauen will. Das soll Schuldgefühle erzeugen und gehört zum Instrumentarium der moralischen Einschüchterung.

Verstärkt werden die Schuldgefühle durch eine aggressiv vorgetragene moralische Einschüchterung seitens der Dritten Welt selbst: *Mau-Mauing the First World*, wofür die UNO und ihre Organisationen die beliebtesten Plattformen sind.[7] Bei der Vorstellung ihres jährlichen Berichts im Dezember 1992 erklärte die UNO-Organisation UNICEF, daß in diesem Jahr etwa 13 Millionen Kinder, vor allem in Afrika und Lateinamerika, sterben würden, an Unterernährung und drei unschwer vermeidbaren Krankheiten; »nur 25 Milliarden Dollar« würde es kosten, die Grundbedürfnisse aller Kinder zu befriedigen – genau die Summe, die die Amerikaner in einem Jahr für Bier ausgeben, die Europäer in drei Monaten für Alkoholika und wiederum die Amerikaner in sechs Monaten für Zigaretten.[8] Warum werden diese 25 Milliarden Dollar nicht mit dem Alkohol- oder Zigarettenkonsum in den Entwicklungsländern verglichen oder mit der Höhe der jährlichen Entwicklungshilfe von 55 Milliarden Dollar, die offenbar nicht zur Rettung der Kinder benutzt wird, oder mit der Kapitalflucht aus der Dritten Welt von mehreren 100 Millarden Dollar, warum nicht mit dem Luxuskonsum der Dritte-Welt-Eliten?

Insinuiert wird damit, daß nicht etwa die Regierungen der betreffenden Entwicklungsländer für den Tod der Kinder verantwortlich zu machen sind, sondern die Bevölkerung der Industrieländer: Es sollen Schuldgefühle erzeugt und dadurch Gelder lockergemacht werden. Daß auch sehr arme Länder erfolgreich Hunger und Kindersterblichkeit bekämpfen können, soweit der politische Wille dazu vorhanden ist, haben Jean Drèze und Amartya Sen anhand zahlreicher Beispiele eindrucksvoll dokumentiert.

Im *Human Development Report* 1992 des UNDP (United Nations Development Programme), einer UNO-Organisation, wird den OECD-Ländern vorgeworfen, daß sie 25 Prozent ihres Einkommens für Sozialausgaben zugunsten ihrer Bürger ausgeben, für mehr als eine Milliarde absolut Arme in den Entwicklungsländern aber nur 0,35 Prozent.[9] Auch hier wird nicht gefragt, wie hoch denn die Sozialausgaben der betreffenden Entwicklungsländer sind und wie groß deren Einkommensungleichheit (zum Beispiel in Zaire oder Honduras), wie hoch die Rüstungsausgaben oder der Luxuskonsum – es wird schnurstracks den Industrieländern die Verantwortung zugeschoben und impliziert, daß diese für die Bevölkerung der Entwicklungsländer in gleichem Maße verantwortlich seien wie für die eigene: »the white man's burden« gegenüber der »›Bitt- und Forderungsgemeinschaft‹ des Südens«.[10]

Diese Haltung, den Norden für alle Probleme der Entwicklungsländer verantwortlich zu machen, artikuliert sich oft mit aggressiv anti-neokolonialistischer Rhetorik und variiert doch nur, wenngleich pfiffig kalkuliert, eine koloniale Mentalität, als wollte man nachträglich der imperialistischen Ideologie eines Kipling recht geben, wonach die Kolonisierten »halbe Kinder« (»and half child«) seien, denen gegenüber eine besondere Fürsorgepflicht bestehe.

Es ist der Grundtenor des Dritte-Welt-Diskurses: Wir sind die Opfer und Ohnmächtigen, wir sind für nichts verantwortlich, und ihr seid an allem schuld. Als die »Opfer und Ohnmächtigen der Weltwirtschaft« definierte Nyerere die Dritte Welt[11], was ebenso falsch wie als moralische Einschüchterung erfolgreich ist. Die Edlen Seelen teilen und fördern diese Haltung: »Die Dritte Welt konnte und wollte man sich nur als Opfer vorstellen.«[12] Das weltweite Gerangel um die obersten Plätze in der Tabelle der Opferundohnmächtigen – Dritte Welt oder Frauen, Aids-Kranke oder bedrohte Völker, Homosexuelle oder Muslime – ist auch deshalb in seiner Mischung von Larmoyanz und Abzocken, Selbstmitleid und moralischer Erpressung so widerwärtig, weil hinter dieser Schmierentragödie die realen Probleme, das wirkliche Leid zu verschwinden drohen.

Die Klage, benachteiligt zu sein und ungerecht behandelt zu werden, bestimmt auch die Haltung zum ungleichen Anteil der Industrieländer und Entwicklungsländer am Gesamtprodukt der Welt; er wird nicht als Resultat unterschiedlicher historischer Entwicklung und Produktivität gesehen, sondern als »ungerechte«[13] Verteilung und diese als Grund für die Armut. Es ist die Haltung des Rentiers oder Almosenempfängers, den nur sein Anteil am bereits produzierten Reichtum interessiert. Das ärmste Fünftel der Weltbevölkerung »erhalte« nur 1,4 Prozent des globalen Einkommens (und 1,0 Prozent des Welthandels), erklärte das UNDP – gemeint ist, daß deren Anteil an Weltproduktion und Welthandel und deshalb ihr Einkommen sehr gering sind. »Zwischen 1960 und 1989 erhöhten die Länder mit den reichsten 20 Prozent der Weltbevölkerung ihren Anteil am globalen Bruttosozialprodukt von 70,2 Prozent auf 82,7 Prozent.« Die ärmsten Länder dagegen »sahen ihren Anteil fallen. Die Konsequenzen für Einkommensungleichheiten waren dramatisch.«[14] So führt Ungleichheit zu Ungleichheit, und die elaborierten dependenztheoretischen oder strukturalistischen Anklagen scheinen oft nur eine Variante mythischen Kargokult-Denkens zu sein – oder des Bonmots, daß die Armut von der Powerteh komme: »Diese ungleiche Verteilung des Weltsozialprodukts« – es gibt arme und reiche Länder – »verbindet sich mit einer ungleichen nationalen Einkommensverteilung« – es gibt in einem Land Reiche und Arme – »und erzeugt in dieser Kombination das Phänomen massenhafter Armut.«[15]

Der *Human Development Report* des United Nations Development Programme erfreut sich erheblicher Popularität, zumal sein anschaulicher Trichter der »ungerechten« Einkommensverteilung und die Berechnung der »Kosten der globalen Märkte für die Entwicklungsländer«[16] in Höhe von leicht zu merkenden und Wuttrauerundbetroffenheit auslösenden 500 Milliarden Dollar: Diese kursieren nun als jährliche Verluste der Entwicklungsländer in der Presse. Diesen 500 Milliarden sind die kläglichen 54 Milliarden Dollar Entwicklungshilfe gegenübergestellt. Auch dabei ist der Grundtenor: Die Industrieländer sind schuld, wenn die Entwicklungsländer nicht vorankommen, die Gründe der Unterentwicklung sind externer Art. Von den genannten 500 Milliarden Dollar entfallen 250 Milliarden auf »eingeschränkten Zugang zum Arbeitsmarkt«. Zwanzig Seiten davor heißt es: »Einwanderungsgesetze verweigern den Arbeitern das Recht, die Welt-Nachfrage und das Welt-Angebot von Arbeit auszugleichen: dorthin zu ziehen, wo sie ihren Lebensunterhalt am besten verdienen können.« Das »kostet« die Entwicklungsländer »mindestens 500 Milliarden pro Jahr, zehnmal mehr, als sie an Entwicklungshilfe erhalten«.[17] Warum es hier »mindestens 500 Milliarden« sind und dort »250 Milliarden«, ist unklar; nun, auf ein paar 100 Milliarden soll es uns nicht ankommen, geht es doch ohnehin nicht um fundierte Analysen und Zahlen, sondern um die Mobilisierung von Schuldgefühlen, verstärkt durch den impliziten Vorwurf, ein fundamentales Menschenrecht zu verletzen. Aber ein Recht, sich in dem Land seiner Wahl niederzulassen und dort zu arbeiten, gibt es nicht – man kann es freilich postulieren, aber man kann sich nicht darauf als auf ein geltendes Recht berufen.[18] Auch im Freihandelsabkommen (GATT) ist zwar von Waren, Dienstleistungen und Kapital die Rede, nicht aber von Arbeit.[19] Der internationale Arbeitsmarkt sei »ganz sicher nicht frei. Er wird gesteuert und kontrolliert von den Industrieländern«[20] – ein Variation des ehrwürdigen Drittwelt-Arguments, daß der Weltmarkt von den Industrieländern kontrolliert und manipuliert werde. Was die Industrieländer steuern und kontrollieren, sind Immigration, Aufenthalts- und Arbeitserlaubnis, und zwar sehr viel großzügiger als die Entwicklungsländer. In Nigeria werden Ghanesen ausgewiesen, in Indien Bangladeshis und in Bangladesh Burmesen. Malaysia deportiert illegale Arbeiter nicht anders als Japan oder Großbritannien. In den Industrieländern arbeiten und wohnen gegenwärtig »mindestens 35 Millionen Menschen aus den Entwicklungsländern«, ist demselben *Human Development Report* zu entnehmen, davon »etwa 6 Millionen illegal – und ungefähr 1,5 Millionen kommen jedes Jahr dazu«. Sie überweisen jährlich 25 Milliarden Dollar an die Entwicklungsländer[21] – eine reale Summe, die der *Human Development Report* den fiktiven Verlusten von 250 Milliarden gegenüberzustellen versäumt.

Wenn 35 Millionen Menschen aus den Entwicklungsländern 25 Milliarden Dollar dorthin überweisen, kann man davon ausgehen, daß für eine Überweisung von 250 Milliarden die zehnfache Zahl von Menschen erforderlich wäre: 350 Millionen, also etwa die Bevölkerung der USA und Japans zusammen. Es ist schwer vorstellbar, wie die Wirtschaft der Industrieländer selbst bei hohen Wachstumsraten eine solche Zahl absorbieren kann, auch die politischen und sozialen Probleme wären vermutlich sehr groß. Der *Human Development Report* verweist denn auch an anderer Stelle auf die 30 Millionen Arbeitslose in den OECD-Ländern, das Problem der »arbeitslosen Migranten« und die niedrige Produktivität und Ausbildung der Arbeitskräfte in den Entwicklungsländern[22] – aber was soll's, es geht, wie gesagt, gar nicht um Reales, sondern um die Verlagerung der Verantwortung auf die Industrieländer.

Die Vorteile der Emigration für die wirtschaftliche Entwicklung der Dritten Welt sind umstritten.[23] Länder mit jahrzehntelanger hoher Emigration wie Pakistan, die Philippinen und afrikanische Länder haben geringe oder negative Wachstumsraten, während Länder mit geringer Emigration unter den asiatischen Newly Industrializing Countries – obwohl dichtbevölkert – sich sehr schnell entwickelt haben. G. P. Tapinos stellte 1990 fest: »Die meisten Auswandererländer zogen ganz deutlich … die Emigration der Entwicklung kooperativer Politik vor, die darauf abzielte, den einheimischen Arbeitsmarkt zu stabilisieren. Die unmittelbaren finanziellen und politischen Gewinne aus dem Export von Surplus-Arbeitern und deren Überweisungen wogen stärker als die unmittelbaren Gewinne alternativer Entwicklungsstrategien.« Christina Lamb berichtet, daß die pakistanische Wirtschaft nach Meinung der meisten Ökonomen ohne die Überweisungen der Gastarbeiter zusammenbrechen würde. »Anstatt fundamentale strukturelle Probleme anzugehen, suchten die Regierungen immer Hilfe von außen.«[24] Und darum geht es auch bei der Zahlenmystik des *Human Development Report*, dessen Klagen und Vorwürfe letztlich darauf hinauslaufen, daß die Entwicklungsländer keine Industrieländer sind, was richtig ist, und daß deshalb Entwicklung unmöglich sei, was falsch ist. Die großen Schwierigkeiten und Probleme der Entwicklungsländer sind ja unbestreitbar, aber keineswegs unüberwindlich. Das wird zwei Seiten später auch zugestanden: »einigen Ländern ist es gelungen, diese Widerstände zu überwinden«.[25] Schon 1965 hatte Albert O. Hirschman diesen »Hindernis-Zugang« zum Problem der Entwicklung als inadäquat kritisiert. Ob intern oder extern, subjektiv oder objektiv, natürlich oder menschengemacht – »es gibt keine absolute Barriere für Entwicklung«. Und dieser Zugang ist nicht nur falsch, sondern auch schädlich, denn er beschränkt politische Entscheidungen und schließt die Suche nach Alternativen und unterschiedlichen Wegen der Entwicklung aus.[26]

Die sogenannte strukturalistische Theorie (Prebisch-Singer-These) und die Dependenztheorie waren einmal ernsthafte Versuche, die ökonomischen Probleme der Dritten Welt zu verstehen und lösen zu helfen – mit teilweise katastrophalen Folgen für diejenigen Länder, die sich daran orientierten. Diese Theorien sind in der Entwicklungsforschung längst obsolet geworden, als Schlagetot-Argumente der Drittwelt-Ideologen und moralischen Erpresser sind sie jedoch weiterhin aktuell und folgenreich. Es scheint deshalb nicht überflüssig, sie nochmals zu kritisieren, auch wenn man dabei nicht ein Faktum, nicht ein Argument vorträgt, das nicht bereits bekannt oder jedem Interessierten problemlos zugänglich gewesen wäre.[27]

Armut aufgrund externer Faktoren?

Will man arme und reiche Länder vergleichen und feststellen, wieweit jene zum Reichtum dieser beitragen, muß man eine auf beide anwendbare gemeinsame ökonomische Maßeinheit haben; als eine solche Maßeinheit dient im allgemeinen das in irgendeiner Währung (meist US-Dollar) ausgedrückte Bruttosozialprodukt eines Landes. Das ist nicht unproblematisch und auch nicht sehr genau, aber doch auch nicht unmöglich oder willkürlich. So kann man zum Beispiel das Gesamt-Bruttosozialprodukt der Welt berechnen und den Anteil einzelner Länder oder Ländergruppen daran.

Die Industrieländer – je nach Definition zwischen 15 und 24 Prozent der Weltbevölkerung – verbrauchten zu Beginn der neunziger Jahre »mehr als drei Viertel des Weltsozialprodukts«.[28] Aus diesen Zahlen kann man zwar auf eine ungleiche Verteilung des Reichtums auf der Welt schließen, nicht aber auf eine ungerechte: auf Ausbeutung, wie das häufig geschieht, wobei unterstellt wird, daß der Anteil an der Weltgesamtproduktion gleichmäßig entsprechend dem Anteil an der Weltbevölkerung verteilt ist, also beispielsweise 25 Prozent Weltbevölkerung = 25 Prozent Weltproduktion. Denn offenbar macht das Argument »Ausbeutung« nur Sinn, wenn irgendein Teil, zum Beispiel die Industrieländer, mehr konsumiert als er produziert. Wenn also die Industrieländer maximal 75 Prozent des Welt-Bruttosozialprodukts konsumieren und dies auf der Ausbeutung der Entwicklungsländer beruht, müssen wir davon ausgehen, daß die Entwicklungsländer mehr als 25 Prozent des Welt-Bruttosozialprodukts produzieren beziehungsweise die Industrieländer weniger als 75 Prozent, damit wir von Ausbeutung der Entwicklungsländer durch die Industrieländer sprechen können.

Der Anteil der Entwicklungsländer am Welt-Bruttosozialprodukt beträgt 23 Prozent (Asien 12 Prozent, Lateinamerika 7 Prozent, Afrika 4 Prozent), nach anderen Zahlen 15,8 Prozent (Anteil an der Weltbevölkerung: 77,1 Prozent), oder 20 Prozent (80 Prozent).[29] Die Industrieländer produzieren 77 Prozent (24 Prozent) beziehungsweise 84,2 Prozent (22,9 Prozent) oder 80 Prozent (23 Prozent) des Welt-Sozialprodukts; OECD-Länder 71 Prozent (15 Prozent).[30] Allein die USA, Japan und Deutschland haben einen Anteil von fast 50 Prozent am Welt-Sozialprodukt, die sieben südasiatischen Länder (Indien, Pakistan, Bangladesh...) dagegen, mit einer Bevölkerung von 1,1 Milliarden (fast 20 Prozent der Weltbevölkerung) weniger als 3 Prozent. Die schwarzafrikanischen Länder, mit 530 Millionen Menschen 9,5 Prozent der Weltbevölkerung, produzierten 1989 1,2 Prozent des Welt-Sozialprodukts (150 Milliarden Dollar), genausoviel wie Belgien mit 10 Millionen Einwohnern. Die G-15-Gruppe der 15 einflußreichsten Entwicklungsländer (darunter Brasilien, Indien, Mexiko, Nigeria) vertritt 30 Prozent der Weltbevölkerung und 7 Prozent des Weltoutputs.[31]

Weder die Industrieländer noch die Entwicklungsländer konsumieren ausschließlich das, was sie selber produzieren. Sie tauschen einen Teil ihrer Produktion auf dem Weltmarkt aus. Der Umfang des Welthandels kann ebenfalls nach dem Wert aller Waren, Dienstleistungen etc. in irgendeiner Währung berechnet werden. Falls die Entwicklungsländer einen relevanten Beitrag zum Reichtum der Industrieländer leisten, müssen die Anteile der Entwicklungsländer am Welthandel, genauer: ihre Exporte in die Industrieländer, relevant sein. Nähme man die Edlen Seelen beim Wort, könnte man die Formel aufstellen: je ärmer ein Land, desto größer seine Exporte in die Industrieländer, denn die Armut eines Entwicklungslandes soll ja die direkte Folge seiner Ausbeutung durch die Industrieländer sein. Es gibt keine statistischen Daten, die eine solche abstruse Formel stützen würden. Der Anteil der afrikanischen Länder (der Mehrzahl der ärmsten Entwicklungsländer) am Welthandel beträgt etwa ein Prozent – wobei ein Fünftel aus Südafrika stammt, über dessen Ausbeutung bislang noch keine Klagen laut geworden sind. Erhard Eppler dürfte ein unverdächtiger Zeuge sein: »Ökonomisch ist Afrika in der Tat nicht mehr der Rede wert. Hatte es 1970 noch einen Anteil von 2,4 Prozent am Welthandel, so waren es 1988 noch 1,3 Prozent, und heute dürften es noch weniger sein. Für die deutsche Industrie ist der Anteil Schwarzafrikas an Handel und Investitionen inzwischen unter ein Prozent gesunken... Europa und Afrika sind ökonomisch nicht interdependent. Afrika hängt ab von Europa, seinen Banken, Konzernen und Regierungen; Europa könnte ökonomisch sehr wohl ohne Afrika auskommen.«[32]

Der Anteil der Entwicklungsländer an den Weltexporten beträgt 1989 für Lateinamerika 4,3 Prozent, Süd- und Ostasien (inklusive der Newly Industrializing Countries)

11,3 Prozent, Mittlerer Osten 3,4 Prozent – mit dem Anteil Afrikas von 1,9 Prozent macht das etwa 21 Prozent (Anteil der Entwicklungsländer an den Weltimporten: 19,8 Prozent), wovon ein erheblicher Teil (etwa ein Drittel) in andere Entwicklungsländer geht. Die Industrieländer bestreiten zirka 80 Prozent des Welthandels (bei Importen wie Exporten), das heißt Welthandel findet vor allem zwischen den Industrieländern, nicht zwischen Entwicklungsländern und Industrieländern statt.[33] »Es ist nicht sicher«, schreibt Susan George, »ob jeder in den reichen Ländern es merken würde, falls die ärmsten Kontinente von der Landkarte verschwänden ... die größeren Industrieländer erwarten sich nicht mehr viel von der Dritten Welt als Handelspartner oder Quelle billiger Arbeitskräfte.« Es sieht nicht gut aus für das Ausbeutungsargument.

Dessen Verfechter werden jedoch einwenden, die obigen Zahlen verschleierten ja gerade die Ausbeutung der Entwicklungsländer durch zu niedrige und – trotz erheblicher Schwankungen – langfristig fallende Rohstoffpreise und Verschlechterung der Terms of Trade. Unbestritten ist das zeitweise heftige Schwanken der Rohstoffpreise, umstritten jedoch die langfristige Verschlechterung der Terms of Trade. Das Schwanken der Rohstoffpreise und deren langfristiger Verfall betreffen jedoch *alle* Rohstoffproduzenten beziehungsweise -exporteure und können nicht als Beleg für eine systematische Benachteiligung der Entwicklungsländer dienen, zumal diese Preisinstabilität der Rohstoffe historisch uralt ist und sie auch keineswegs identisch sein muß mit einem Schwanken der Einkommen aus Rohstoffexporten. Der Anteil der westlichen Industrieländer an den Rohstoffexporten der Welt betrug 1986 221,3 Milliarden Dollar (von insgesamt

347,8), der der Entwicklungsländer 100,2. Zwei Drittel der Weltexporte an Nahrungsmitteln stammen aus den Industrieländern. Die USA sind der größte Exporteur von Rohstoffen und Nahrungsmitteln. Deren Preisverfall in den achtziger Jahren war einer der Gründe für das enorme Handelsdefizit der USA. Die landwirtschaftlichen Einkommen fielen in manchen Gebieten der USA um zwei Drittel, die Schulden der amerikanischen Farmer waren Ende des Jahrzehnts so hoch wie die Brasiliens oder Mexikos.[34]

Das Schwanken vieler Rohstoffpreise läßt vermuten, daß sie auf dem Welt*markt* bestimmt werden. Ein »zu niedriger Preis« wäre ein Preis, der nicht höher oder niedriger als die Produktionskosten ist. Dies ist meist, von Dumping abgesehen, ein Zeichen für eine Überproduktion. *Überproduktion* ist denn auch einer der Gründe für den Verfall der Rohstoffpreise der Entwicklungsländer. Der obligate Hinweis auf die vielen Entwicklungsländern durch die Kolonialherrschaft aufgezwungenen Monokulturen ist mittlerweile reichlich abgenützt; Malaysia und andere Entwicklungsländer haben gezeigt, daß 30 und mehr Jahre Unabhängigkeit ein ausreichender Zeitraum für Diversifikation sind. Einen weiteren aktuellen Grund für die negative Preisentwicklung stellt die *verminderte Nachfrage* dar: der Rohstoffverbrauch der Industrieländer sinkt durch den immer geringeren Anteil der Rohstoffe an der industriellen Produktion, den zunehmenden Anteil recycelter Rohstoffe und einen allgemein sparsameren Umgang damit.[35] Zuweilen ist auch die Forderung nach »gerechten« Rohstoffpreisen für die Entwicklungsländer zu hören (daß die Rohstoffproduzenten der Industrieländer einen »gerechten« Preis erzielen, wird dabei als selbstverständlich unterstellt – auch wenn es sich um dieselben Rohstoffe und Preise handelt); damit ist in der Regel ein relevant über dem Weltmarktpreis liegender Preis gemeint, das heißt es handelt sich nur um eine unorthodoxe Form der Forderung nach mehr Entwicklungshilfegeldern. – Die Vorstellung, daß eine allgemeine Erhöhung der Rohstoffpreise (und sei es auch nur der Entwicklungsländer) allen Entwicklungsländern zugute käme, ist falsch, wie die zum Teil katastrophalen Folgen der Ölpreiserhöhungen in den siebziger Jahren für viele erdölimportierende Entwicklungsländer zeigen. Die Handelsbilanz der OPEC-Länder verbesserte sich 1974 von einer Milliarde Dollar (1973) auf 61 Milliarden Dollar – davon kamen knapp 30 Milliarden aus den erdölimportierenden Entwicklungsländern. »...die meisten Rohstoffe werden in Ländern mit hohem Einkommen produziert. Während mehrere reiche Länder wichtige Rohstoffexporteure sind, sind einige arme Länder Importeure großer Mengen von Nahrungsmitteln und industriellen Rohmaterialien. Abkommen zur Erhöhung der Rohstoffpreise würden deshalb keinen direkten Ressourcentransfer von den reichen zu den armen Ländern darstellen. Im Gegenteil, wie Richard Cooper feststellt, sie würden ›eine ziemlich willkürliche Verteilung von Gewinnen und Verlusten sowohl unter den Industrieländern wie auch den Entwicklungsländern hervorrufen. Außerdem sind die Entwicklungsländer, die davon profitieren würden, eher die wohlhabenderen; die ärmsten Länder würden – mit wenigen Ausnahmen – nicht profitieren und oft durch ein Anheben der Rohstoffpreise Verluste erleiden. Eine solche Maßnahme würde also nicht viel zur Verringerung der Armut in der Welt beitragen.‹«[36]

Der Hauptgrund dafür, daß die Rohstoffproduzenten in vielen Entwicklungsländern so niedrige Preise für ihre Produkte erhalten, sind nicht die Weltmarktpreise, sondern die den Produzenten von ihren Regierungen aufgezwungenen internen Preise, die oft 50 oder 60, zuweilen bis zu 80 Prozent unter den Weltmarktpreisen liegen.[37] Das gilt übrigens auch für nicht exportierte Rohstoffe wie Nahrungsmittel, deren Preise niedrig gehalten werden, um die städtische Bevölkerung bei Laune zu halten. »Hungern die Städte, gibt es Revolutionen; hungern die Bauern, gibt es nur Tote!«[38] Eine Form der direkten Ausplünderung des Rohstoffsektors können die staatlichen oder halbstaatlichen Vermarktungsmonopole sein (*marketing boards* oder *parastatals* – auch *parasitals* genannt). Von 1970 bis 1984 senkte die tansanische Regierung so die Farmpreise um 46 Prozent; die Preise für Exportrohstoffe lagen 1980 nurmehr bei 41 Prozent der Weltmarktpreise.[39] Der Cocoa Marketing Board Ghanas senkte – mit Hilfe von Steuern und Wechselkursmanipulationen – die Kakao-Erzeugerpreise in der zweiten Hälfte der siebziger Jahre um 90 Prozent. Ghanas Anteil an der Weltproduktion fiel von 40 Prozent (sechziger Jahre) auf 18 Prozent (1980/82).[40] Vor den Reformen in den achtziger Jahren waren die Preise so niedrig, daß die Bauern die Ernte einfach verrotten ließen; höhere Preise führten dann zu hohen Produktionssteigerungen.[41] Oft wird den Bauern die Ernte erst nach einem längeren Zeitraum bezahlt, wenn die – in der Regel hohe – Inflation den Realpreis weiter reduziert hat. Verzögert sich das über den Zeitpunkt der nächsten Aussaat hinaus, verfügen die Bauern nicht einmal über ausreichende Mittel für Saatgut und Dünger.[42] Das Argument der Preisstabilisierung ist meist nur ein Vorwand – stabilisiert werden allenfalls die Differenzen zwischen Weltmarkt- und einheimischen Preisen, das heißt die Steuerlast für die Erzeuger.[43]

Häufiger als *marketing boards* sind Exportsteuern, die zuweilen unsinnige Höhen erreichen und ebenfalls die wirtschaftlichen Anreize zur Produktion minimalisieren; dabei gilt Erzeugerpreis = Weltmarktpreis minus Exportsteuer. In Ägypten zum Beispiel lassen die Exportsteuern auf Baumwolle den Produzenten nur 44 Prozent des Weltmarktpreises[44], Malawi und der Senegal besteuern um 50 Prozent und mehr.[45] Die Devisen werden dann teilweise dazu benutzt, Nahrungsmittel zu importieren und verbilligt an die städtische Bevölkerung zu verkaufen, was wiederum die internen Preise der nahrungsmittelproduzierenden Bauern senkt, die oft ärmer sind als die städtischen Konsumenten.[46] Wo andererseits die Rohstoffproduzenten selber zu den herrschenden Eliten gehören wie in Brasilien, Pakistan, den Philippinen, werden landwirtschaftliche Produkte real gering oder gar nicht (Pakistan) besteuert.

Ein weiteres Mittel der Benachteiligung der einheimischen Rohstoffproduzenten ist eine überbewertete Währung, ohnehin eines der beliebtesten ökonomischen Schröpf- und Folterinstrumente von Regierungen der Entwicklungsländer[47]; sie erhöht nicht nur die Preise für importierte agrarische Produktionsmittel wie Dünger, Pestizide, Wasserpumpen, sondern stellt auch eine implizite Steuer dar und damit, wie einschlägige Forschungen gezeigt haben, einen weiteren Anreiz zur Nicht-Produktion: »die Folgen können verheerend sein«.[48]

»Ohne Übertreibung kann also festgestellt werden, daß namentlich afrikanische Bauern noch nie so gründlich und so schamlos ausgebeutet wurden wie seit Erlangung der staatlichen Unabhängigkeit – von ihren eigenen Regierungen.«[49] In *dieser* Hinsicht sind Rohstoffreichtum und Monokulturen tatsächlich ein Nachteil für die Entwicklungsländer und ihre Entwicklung: Sie stellen einen mühelos qua politischer Macht abschöpfbaren Reichtum dar, der die Etablierung und Perpetuierung von Rentiers-Eliten und ihrer Klientel (»Kleptokratie«) ermöglicht – Afrika bietet dafür seit Jahrzehnten anschauliche Beispiele.[50] Wenn unter den gegenwärtigen Bedingungen weltwirtschaftlicher Rezession und des Verfalls vieler Rohstoffpreise dennoch immer mehr Kaffee, Zinn, Kupfer auf den Markt geworfen werden, dann beruht das – neben objektiven ökonomischen Zwängen – auch darauf, daß die Eliten ihre Renten sichern wollen, selbst wenn die Produzenten längst unter Erzeugerpreisen verkaufen müssen.

Der Zusammenbruch – ökonomisch ohnehin fragwürdiger – Rohstoffkartelle in den Achtzigern (Kaffee, Zinn) war nicht auf Manipulationen der Industrieländer, sondern auf die – an kurzfristigem Gewinn orientierten – Interessen der Entwicklungsländer zurückzuführen, die sich nicht an die vereinbarten Quoten hielten.[51] Das Ausbleiben von Diversifizierung ist nicht »strukturellen« Notwendigkeiten oder lastender Armut geschuldet, sondern der Politik des bequemsten Absahnens bei den politisch und wirtschaftlich Schwachen (auch *skimocracy* genannt). Die Probleme von Monokulturen und Rohstoffproduzenten gehörten bereits in den fünfziger Jahren zum Standardrepertoire der Drittwelt-Ideologien, und dennoch fand in den meisten Entwicklungsländern keine Diversifizierung statt. Daß sie möglich ist, zeigen so unterschiedliche Länder wie Malaysia und Botswana[52] oder einige lateinamerikanische Länder, daß sie nicht geschah, haben die Entwicklungsländer selbst zu verantworten, von denen viele auch in Boomzeiten nicht die Diversifizierung[53], sondern die Konsumtion förderten und so ihre erhöhte Kreditwürdigkeit zur Erhöhung ihrer Schulden benutzten.

Daß die Dritte Welt nur Rohstoffe exportiert und nur Industrieprodukte importiert, gehört zu den mit Inbrunst gehüteten Überzeugungen. Sie ist einfach falsch. Bereits Ende der Siebziger exportierten die Entwicklungsländer mehr Industrieprodukte als Rohstoffe, während die Industrieländer 36 Prozent mehr Rohstoffe exportierten als die Entwicklungsländer.[54] Die gesamten Industrieexporte der Entwicklungsländer sind mittlerweile größer als die der Bundesrepublik oder Japans (jeweils 19 Prozent – 15 Prozent – 13 Prozent Anteil an den Weltindustrieexporten) – das Fünffache der Zahl von 1975.[55] Nach Angaben des *World Development Report* erhöhte sich der Anteil der Industrieexporte an den Exporten der Entwicklungsländer (ohne Energieexporte) von 15 Prozent (1963) auf 62 Prozent (1987)[56]; für die *Low-income*-Länder beträgt deren Anteil 52 Prozent, für die *Middle-income*-Länder 53 Prozent, für die *Lower-middle-income*-Gruppe 40 Prozent und die *Upper-middle-income*-Gruppe 62 Prozent. Nach Vernières waren 1965 noch 83 Prozent der Entwicklungsländer-Exporte Rohstoffe, 1987 waren es nurmehr 45 Prozent – wobei die Zahlen erheblich schwanken: von 97,6 Prozent (Nigeria, Gabun) bis 3,1 Prozent (Newly Industrializing Countries).[57] Der Anteil der Rohstoffe am Warenexport der lateinamerikanischen

Länder betrug 1986 46,6 Prozent; Brasilien ist das achtgrößte Industrieland der Welt, Mexikos Industrieproduktion ist so groß wie die Spaniens und Portugals zusammengenommen. Nur zwei Ländergruppen haben einen Rohstoffanteil von mehr als 50 Prozent am Export: die Golfstaaten 81,1 und die Subsahara-Länder 61 Prozent. Im Fall Asiens sind es 40,7 Prozent, für die Newly Industrializing Countries 3,1, Indien 24,6 und China 29,6 Prozent. Die Entwicklungsländer exportieren also durchschnittlich mehr Industrieprodukte als Rohstoffe. Es gibt keine systematische (strukturelle oder verschwörerische) Benachteiligung der Entwicklungsländer in bezug auf die Rohstoffpreise; deren Schwanken und Sinken betrifft langfristig alle Rohstoffe – der Entwicklungsländer wie der Industrieländer, Erdöl wie Olivenöl, Kautschuk wie Kohle. Die Industrieländer sind langfristig weder in der Lage, niedrige Preise zu erzwingen noch höhere Preise zu verhindern. Einen Erklärungwert für den Reichtum der Industrieländer oder die Armut der Entwicklungsländer haben die Rohstoffpreise nicht.

Aber die Vertreter der Ausbeutungsthese werden einwenden, hier sei das entscheidende Argument der Verschlechterung der Terms of Trade nicht berücksichtigt worden, die Rohstoffpreise also nicht als relative Rohstoffpreise. Unter Terms of Trade versteht man das Verhältnis Exportwaren(preise) zu Importwaren(preisen); behauptet wird eine stete und systematische Verschlechterung dieses Verhältnisses zuungunsten der Entwicklungsländer, wobei eigentlich immer ein Verhältnis Rohstoffexporte zu Industrieimporten unterstellt ist. Auch beim Problem der Terms of Trade handelt es sich nicht um ein für Entwicklungsländer spezifisches Problem, und es existierte bereits, lange bevor die Dritte Welt erfunden wurde.

Die Berechnung der Terms of Trade ist notorisch schwierig und umstritten. Lindert kommt auf der Grundlage der ihm vorliegenden Daten zu dem Ergebnis, daß die Gesamtveränderung im Zeitraum zwischen 1900 und 1986 klar sei: 1986 waren die relativen Rohstoffpreise ungefähr halb so hoch wie 1900, waren also durchschnittlich 0,8 Prozent pro Jahr gefallen. Er sieht jedoch drei Gegentendenzen wirken: den Fall der Transportkosten, den bei der Berechnung der Terms of Trade oft nicht berücksichtigten Qualitätswechsel der Industrieprodukte (eine Tonne Elektromotoren ist nicht gleich eine Tonne Computer) und die nicht berücksichtigten späteren Preisreduzierungen bei neueingeführten Industrieprodukten. (Es ist daran zu erinnern, daß die Preise von zentral wichtigen Industrieprodukten zum Teil einen Verfall aufweisen, den es bei Rohstoffen selten gegeben hat; die Preise für Waren aus dem Bereich der Informationstechnik fallen seit 20 Jahren um durchschnittlich 15 Prozent pro Jahr.) Ob diese Gegentendenzen den negativen Trend aufwiegen, sei unklar. Es bestehe ein schwacher Grund zur Sorge für Rohstoffproduzenten.

Vernières dagegen sieht das Problem deutlich positiver; er kommt zu dem Schluß, es scheine sich eine langfristige negative Entwicklung der Terms of Trade ebensowenig nachweisen zu lassen wie eine systematische Benachteiligung der Entwicklungsländer.[58] So auch Gilpin: »Das Argument einer systematischen Benachteiligung der Rohstoffexporte läßt sich nicht halten«. Mit Arthur Lewis ist er der Meinung, daß der wichtigste Grund für ungünstige Terms of Trade interner Art sei: das Versäumnis,

Überproduktion zu reduzieren und zu diversifizieren. Andererseits hätten die Entwicklungsländer durch die Importe aus den Industrieländern erheblich profitiert, nicht zuletzt durch die damit ermöglichte Partizipation am wissenschaftlichen und technischen Niveau der Industrieländer. Ein extremes Beispiel dafür ist der Handel mit illegal kopierten Produkten, der auf 80 bis 100 Milliarden Dollar geschätzt wird.

Nicht nur gibt es keine ausreichenden Belege für einen säkularen Verfall der Terms of Trade[59], die Debatte ist auch von sekundärer Bedeutung insofern, als sich keine Beziehung zwischen den Wachstumsraten der Entwicklungsländer und externen Schocks – wie zum Beispiel einem Fall der Terms of Trade – nachweisen lassen. Eine Verschlechterung der Terms of Trade als »ungerechte Preise« oder »Ausbeutung« zu qualifizieren, ist Unsinn und führt zu absurden Ergebnissen: So zeigt Massarrat, daß die Verschlechterung der Terms of Trade für Japan (gegenüber den Entwicklungsländern, ohne OPEC) »über einen längeren Zeitraum viel gravierender ist als die der Entwicklungsländer«. Es wäre »absurd« anzunehmen, daß die japanischen Produkte »auf dem Weltmarkt zu ›ungerechten Preisen‹ gehandelt würden«.[60]

Meist übergangen wird bei der Diskussion über die Terms of Trade ein Vergleich mit den *internen* Terms of Trade der Entwicklungsländer, zum Beispiel denen zwischen Land und Stadt, wie sie durch Regierungspolitik und deren »Manipulationen der Terms of Trade und den Ressourcentransfer aus der Landwirtschaft« bestimmt sind.[61] Lele stellt fest, daß afrikanische Regierungen die internen Terms of Trade zu Lasten der Export-Rohstoffproduzenten schneller verschlimmerten als die internationalen Terms of Trade.[62]

Entwicklungsländer ohne Rohstoffexporte sind durchschnittlich ärmer als rohstoffexportierende Entwicklungsländer. Innerhalb der einzelnen Entwicklungsländer sind die Rohstoffproduzenten wiederum oft durchschnittlich wohlhabender als andere Bevölkerungsteile. Die in den letzten Jahren immer populärer werdende These, daß der Anbau von Rohstoffen für den Export auf Kosten des Anbaus von Nahrungsmitteln für die einheimische Bevölkerung der Entwicklungsländer gehe, ist, derart allgemein gefaßt, falsch. Nicht nur gibt es eine Welt-Überproduktion von Nahrungsmitteln, auch jede Ländergruppe der Entwicklungsländer, mit Ausnahme der schwarzafrikanischen, produziert mehr Nahrungsmittel, als sie konsumiert. Das Problem ist eins von Distribution und Sozialpolitik, nicht von Produktion beziehungsweise Anbauflächen.

In vielen Regionen der Dritten Welt gibt es noch viel kultivierbares oder brachliegendes Land. Sambia, der Sudan und Äthiopien zum Beispiel bebauen weniger als die Hälfte des potentiell fruchtbaren Landes. »Die Exportkulturen beanspruchen nur einen geringen Teil der Anbauflächen in der Dritten Welt. Länder mit sehr hohem Exportanteil sind oft relativ gut in der Lage, ihre Bevölkerung zu versorgen, während in vielen Hungergebieten der reine Exportanbau nicht bedeutsam ist.«[63] Auch für die Subsahara-Staaten konstatiert der Weltbank-Bericht von 1989 eine positive Korrelation von Exportkulturen und Nahrungsmittelproduktion.

Die Nahrungsmittelversorgung der Entwicklungsländer hat sich – bei steigenden Agrarexporten in die Industrieländer – stetig verbessert. Ein Bericht der Welternährungsorganisation (FAO) stellte im September 1992 fest, daß die Verfügung über Nahrungsmittel von 2 290 Kalorien pro Person und Tag (1963) auf 2 700 Kalorien verbessert wurde. Die Produktion der drei wichtigsten Getreidearten Weizen, Reis, Mais wuchs schneller als die Weltbevölkerung, und die Preise fielen.[64] Der tägliche Kalorienbedarf der Bevölkerung der Dritten Welt wurde 1960 zu 90 Prozent, 1990 aber zu 109 Prozent gedeckt.[65] Die Zahl der unterernährten Menschen in der Dritten Welt fiel von 941 auf 786 Millionen, von 36 auf 20 Prozent der Bevölkerung.[66]

Die vor allem durch die Medien vermittelte Sicht, die Hungersnöte der Dritten Welt beruhten auf einem Nicht-Vorhandensein (»non-availability«) von Nahrungsmitteln, ist meist »wenig mehr als ein Mythos«[67]; nicht »availability«, so Drèze und Sen, vielleicht die besten Kenner der Materie und Herausgeber des dreibändigen Werks *The Political Economy of Hunger*, ist gemeinhin für Hungersnöte verantwortlich, sondern mangelnder Anspruch (»entitlement«) der Betroffenen; das kann auch bei einer überdurchschnittlichen Versorgung der Region oder Nation der Fall sein (sogenannte »boom-famine«).[68] Hungersnöte in der Dritten Welt finden in der Regel auf dem Lande statt – dort, wo Nahrungsmittel angebaut werden.[69] Eine Rolle beim ungenauen Verständnis des Problems von Hunger und Exportanbau spielt die Idee von der Nahrungsmittelautarkie – sie ist politisch attraktiv und evoziert Bilder von Unabhängigkeit und Freiheit.[70] Auch Drèze und Sen wenden sich gegen den »Mythos von der Nahrungsmittelselbstversorgung«. Das müsse unterschieden werden von der Nahrungsmittelangemessenheit; so sei zum Beispiel Japan (der weltgrößte Nahrungsmittelimporteur) keineswegs Selbstversorger, aber angemessen versorgt – im Fall Indiens verhalte es sich genau umgekehrt.[71] Auch in Somalia war der Hunger, allen gutgemeinten Sammelaktionen zum Trotz, nicht durch fehlende Nahrungsmittelvorräte verursacht; die dortigen Händler hatten große Getreidevorräte gehortet, deren Preis dann mit den Lufttransporten der Amerikaner zu sinken begann.[72] Der Export von Nahrungsmitteln *aus* Hungergebieten, wie er zum Beispiel im Sudan, Tschad und in Simbabwe stattfand oder stattfindet,[73] beweist das ebenfalls.

Die wesentlichen Gründe für Hungersnöte in den Entwicklungsländern sind heute falsche beziehungsweise indifferente Politik,[74] Einkommensungleichheit[75] und vor allem Kriege.[76] Alle Hungersnöte, so der Schluß, den Drèze und Sen aus ihren Untersuchungen ziehen, sind heute vermeidbar, und vielen Ländern, auch einigen sehr armen, gelingt das permanent. Sie betonen, »wie leicht es ist, Hungersnöte abzuschaffen« bei entsprechendem politischen Willen, und wie »erstaunlich gering« im allgemeinen die Kosten dafür sind. Auch arme Länder können sofort und präventiv Entscheidendes unternehmen, ohne auf höheres Wachstum warten zu müssen.[77]

Daß der Anbau von *cash crops* für den Export in die Industrieländer nur schwer in einen ursächlichen Zusammenhang mit den Hungertoten der Dritten Welt zu bringen ist, dürfte klar geworden sein. Die Nichtsubsistenz-Produktion macht allerdings die Produzenten abhängig vom Weltmarkt und reduziert die unmittelbare Verfügbarkeit von Nahrungsmitteln – wie das auch bei der Textil- oder Computerproduktion der Fall ist. Aber *cash crops* erhöhen im allgemeinen überdurchschnittlich die Kaufkraft der Produzenten, weshalb diese auch oft, nicht immer, Hungersnöte besser durchstehen als Subsistenzfarmer. Drèze und Sen machen darauf aufmerksam, daß die – oft nomadischen – Viehzüchter der Dritten Welt, die ebenfalls Land nutzen, um für den Markt zu produzieren, kein vergleichbares Mißtrauen auf sich gezogen haben.[78] Foster zeigt am Beispiel des Nelkenanbaus für den Export in Kolumbien die Vorteile von *cash crops*: ein Hektar Nelken bringt etwa achtzigmal mehr Einkommen als ein Hektar Getreide – und dafür können sich die Bauern sehr viel mehr Nahrungsmittel kaufen, als wenn sie diese selbst anbauten. Das Argument, der Anbau von Nicht-Nahrungsmitteln erhöhe automatisch den Nahrungsmittelpreis, insofern ihnen Anbaufläche entzogen werde, ist nicht stichhaltig. Außerdem ist der Anbau von *cash crops* meist arbeitsintensiver, verschafft also mehr Leuten Zugang zu Nahrungsmitteln. Unter Berücksichtigung einiger neuerer Studien über eine große Zahl von Entwicklungsländern kommt Foster zu einer uneingeschränkt positiven Bewertung des Anbaus von *cash crops*.[79]

Kurzum: Exportkulturen (*cash crops*), Terms of Trade oder Rohstoffpreise können nicht als ausreichende Belege für die These von der Ausbeutung der Dritten durch die Erste Welt gelten. Es besteht kein Anlaß, die oben zitierten Zahlen zum Anteil der Entwicklungsländer am Welt-Sozialprodukt wesentlich zu revidieren. Die Industrieländer konsumieren nicht real mehr als sie produzieren.

Der strukturalistischen (Prebisch-Singer-)These ist es gelungen, auf Jahrzehnte die Aufmerksamkeit aller Menschen guten Willens auf das Problem der Rohstoffpreise und Terms of Trade zu lenken, als handelte es sich dabei um die zentralen Probleme der Entwicklung, als wären darin eben schon strukturell Ausbeutung und Unterentwicklung angelegt. Überdies wurde damit das Dogma von den *externen* Ursachen der Unterentwicklung begründet und deren interne vernachlässigt. Übersehen wurde nicht nur, daß bereits im Zeitalter des Kolonialismus auf der Basis von Rohstoffen und Monokulturen Entwicklung stattfand (und zwar in manchen Ländern erheblich mehr als heute in der Unabhängigkeit), sondern auch, daß einige rohstoffexportierende Länder zu den reichsten der Erde gehören: Australien und Neuseeland (ehemalige Kolonien) zum Beispiel oder Saudi-Arabien und Kuwait. Noch verwunderlicher aber ist, daß es gelang, einen *Vorteil* – über exportierbare Waren und damit Devisen und höhere Kreditwürdigkeit zu verfügen – in einen *Nachteil* zu verwandeln, den man als moralischen Vorwurf an die Weltwirtschaftsordnung und die von ihr profitierenden Industrieländer richtet. Im Namen dieser moribunden Theorien werden weiterhin Schuldgefühle mobilisiert, moralische Einschüchterung und Erpressung versucht.

Ein wichtiges Problem der rohstoffexportierenden Entwicklungsländer ist vielmehr der Protektionismus der Industrieländer,[80] nicht zuletzt deren Agrarpolitik. Die Folgen dieses kostspieligen Idiotismus aber tragen vor allem die Konsumenten und Steuerzahler der Industrieländer. Von einer Ausplünderung der Dritten Welt kann dabei sicher nicht die Rede sein – kurzfristig können die subventionierten Nahrungsmittelexporte der Industrieländer sogar den Entwicklungsländern nützen, langfristig schaden sie deren Landwirtschaft.

Einen zentralen Platz in der Dämonologie der Edlen Seelen nehmen die multi- oder transnationalen Gesellschaften ein, deren Gewinntransfers aus den Entwicklungsländern in die Industrieländer kurzentschlossen und umstandslos als »Ausbeutung« qualifiziert werden. Für die Ansicht, die Multis übten direkt politische Macht aus und seien in der Lage, Regierungen zu erpressen oder gar zu stürzen, gibt es wenige Belege (wie etwa den Fall des US-Multis ITT, der zusammen mit der CIA am Sturz der Allende-Regierung beteiligt war), die gleichwohl nicht zu rechtfertigen oder zu beschönigen sind. Es gibt jedoch zahlreiche Gegenbeispiele der Entmachtung und Enteignung von Multis, am spektakulärsten wohl die der Ölmultis. Von 1960 bis 1976 waren 1 369 Multifilialen »nationalisiert« worden; die Enteignungswelle erreichte ihren Höhepunkt in der ersten Hälfte der siebziger Jahre. Dell gibt für 1975 noch 83 Fälle an.[81] Die Multis sind interessiert an langfristig stabilen politischen Verhältnissen, die es ihnen erlauben, Profite zu machen. Das ist einer der vielen Gründe, warum sie in erster Linie in den Industrieländern, nicht etwa in den Entwicklungsländern, investieren. Das Land mit der höchsten Pro-Kopf-Rate ausländischer Investitionen ist nicht ein Entwicklungsland, sondern Kanada.

Die Vorstellung, daß die Multis vor allem in den Entwicklungsländern investierten, traf schon für die sechziger Jahre nicht zu, als etwa ein Drittel der internationalen Investitionen auf die Entwicklungsländer entfielen. Mittlerweile sind es 17 Prozent[82], und davon gehen nur 0,2 Prozent in die ärmsten Länder (mit 20 Prozent der Weltbevölkerung), die nach kurrenten Vorstellungen doch von den Multis bevorzugt ausgebeutet werden.[83] Auch das Bild vom Multi als in erster Linie die reichen Bodenschätze der Dritten Welt ausbeutendem Unternehmen trifft nicht zu: Weniger als ein Viertel der Investitionen gehen in diesen Bereich.[84] Etwa drei Viertel der internationalen Investitionen in die Entwicklungsländer sind in zehn Ländern Ost-/Südostasiens und Lateinamerikas konzentriert – in Singapur (wo sie 20 Prozent des Bruttosozialprodukts produzieren) und in Hongkong oder anderen relativ entwickelten Ländern.[85] Der Grund für die Bevorzugung der Industrieländer und Schwellenländer liegt darin, daß dort höhere Gewinne erzielt werden: 17 Prozent gegenüber 12 Prozent in den Entwicklungsländern.[86] Regional verteilt sich das folgendermaßen: europäische Entwicklungsländer und die Ölländer des Mittleren Ostens und Nordafrika: 15,1 Prozent; Asien: 13,5 Prozent; Lateinamerika/Karibik: 11,1 Prozent; Schwarzafrika: 6,6 Prozent.[87] Der Grund für diese Differenz liegt vor allem in der unterschiedlichen Produktivität der Arbeit. Wenn die Gleichung Profit = Ausbeutung stimmt, beuten die Multis also nicht die Dritte Welt, sondern die Erste Welt am haltlosesten aus.

En passant sei noch darauf hingewiesen, daß die Multis durchschnittlich höhere Löhne zahlen als die einheimischen Firmen[88] und daß, soweit die bisherigen Untersuchungen Schlüsse erlauben, die Umweltverschmutzung durch die Multis nicht größer, sondern eher geringer ist als die der lokalen Unternehmen.[89] Die Multis mit ihrer oft enormen ökonomischen Macht und ihrem politischen Einfluß (in Entwicklungsländern wie in Industrieländern) zu kontrollieren und ihre Aktivitäten für das jeweilige Land nutzbar zu machen, ist Aufgabe der Politiker. Wo das gelingt, und das gilt für die Mehrzahl der

Fälle, tragen multinationale Konzerne zur wirtschaftlichen Entwicklung eines Landes bei. Mit anderen Worten: Internationale Investitionen fördern in der Regel die wirtschaftliche Entwicklung eines Entwicklungslandes.

Die Haltung der Entwicklungsländer gegenüber den Multis hat sich in den achtziger Jahren »radikal« geändert.[90] Der Bericht zur Vierten UN-Entwicklungsdekade »forderte mit Zustimmung der Entwicklungsländer eine Verbesserung des Investitionsklimas für die multinationalen Unternehmen, die ›Träger des Technologietransfers, des Welthandels und der Vermarktung‹ geworden seien und ›im allgemeinen keine Schulden erzeugen‹«.[91]

Neuerdings wirft man den Multis auch vor, in vielen Entwicklungsländern *nicht* zu investieren,[92] was eine neue Form des kapitalistischen Imperialismus darstelle. Sampson kolportiert die Äußerung von Drittwelt-Politikern, daß es nur eins gebe, was schlimmer sei, als von Multis ausgebeutet zu werden: nicht von ihnen ausgebeutet zu werden. So übertönt denn auch der Ruf nach Jointventures inzwischen in vielen Entwicklungsländern den nach Bakschisch oder mehr Entwicklungshilfe.

Wenn es stimmt, daß die Wirtschaftsbeziehungen der Industrieländer zu den Entwicklungsländern durch Ausbeutung und Ausplünderung bestimmt sind, wie es die Edlen Seelen behaupten, oder wenn die kapitalistisch-imperialistische Weltwirtschaftsordnung ein prinzipielles externes Hindernis der Enwicklung ist, wie es die Dependenztheorie behauptet, dann scheint der Abbruch dieser Beziehungen eine plausible Lösungsmöglichkeit zu sein: »autonome« oder »selbständige« Entwicklung (Dissoziations- oder Abkopplungsthese). Die Mongolei, Tansania, die VR China und andere haben, zeitweise, diesen Weg einzuschlagen versucht – mit den bekannten Ergebnissen, von Prachtexemplaren wie Albanien oder Myanmar (Burma) ganz zu schweigen. Die Wirtschaftsgeschichte der letzten Jahrzehnte hat vielmehr gezeigt, daß der Wohlstand und die Entwicklung der Nationen generell in dem Maße zunehmen, wie sie in die Weltwirtschaft integriert sind, wie sie *outward-oriented* sind. *Outward orientation* ist – und war schon vor hundert Jahren – die Grundlage so ziemlich aller Erfolgsgeschichten ökonomischer Entwicklung, nicht nur in Ost- und Südostasien; auch unter den armen Ländern Afrikas geht es den *outward-oriented* wirtschaftlich besser als den *inward-oriented*.[93] Die These, daß die Weltwirtschaftsordnung und der Handel zwischen Süd und Nord Armut und Elend verursachen oder deren Abschaffung verhindern, läßt sich nicht aufrechterhalten.

In seltsamem Kontrast zum Barmen um die Armen und die schrillen Schuldvorwürfe an die Adresse der Ersten Welt steht das weitgehende Desinteresse der Edlen Seelen an den Fällen gelungener oder gelingender Entwicklung. Hier wären vor allem Japan zu nennen und die sogenannten Newly Industrializing Countries (NICs): Hongkong, Singapur, Südkorea, Taiwan. Menzel berichtet von einer »vorläufigen Auswertung von 30 Jahrgängen (1960 bis 1990) entwicklungspolitischer Zeitschriften der Bundesrepublik. Unter mehr als 20 000 erhobenen Artikeln beschäftigen sich gerade etwa 200 mit der Schwellenländerproblematik aus einer Perspektive, welche Konsequenzen aus erfolgreichen Fällen zu ziehen sind.« Angesichts der »spektakulären Leistung« der NICs findet auch Gerald Tan es »erstaunlich, daß die meisten Handbücher zur Entwicklungsökonomie die

NICs nur beiläufig und einige sie überhaupt nicht erwähnen«.[94]

Hauptgrund dafür scheint mir zu sein, daß die Entwicklung dieser Länder vielen der Überzeugungen und Meinungen widerspricht, die vielen Menschen am Herzen liegen – Hongkong zum Beispiel, eine Kolonie mit einer Wirtschaftspolitik, die dem Konzept staatlich unregulierter liberaler Marktwirtschaft näher kommt als die jedes anderen kapitalistischen Landes: freier Handel, offen für internationale Investitionen, aggressive Konkurrenz, deren Verlierer mit keinen Subventionen rechnen können, ohne Entwicklungshilfe und Kredite von internationalen Organisationen (weil Kolonie), ohne Rohstoffe (selbst das Wasser muß zum Teil importiert werden) – und das alles in einer übervölkerten Stadt mit Flüchtlingsproblemen und nicht gerade beispielhaftem Sozialsystem: das todsichere Rezept für Armut und Elend, Ausbeutung und Unfreiheit. Aber Hongkong ist nach Japan und Singapur das drittreichste Land Asiens, und seine Bewohner genießen erheblich mehr Wohlstand und Freiheitsrechte als die der autonomen Champions der Drittwelt-Ideologen. Auch die für die Entwicklungsstrategien Japans, Südkoreas und Taiwans wichtigen planerischen und staatsinterventionistischen Elemente sind jedoch – soweit überhaupt bekannt – offenbar nicht geeignet, Interesse und Sympathie zu wecken.

Ein typisches Beispiel dafür, wie widerspenstige Fakten beiseitegewischt und durch gefügige Vermutungen ersetzt werden, gibt Rolf Knieper: »Die besondere temporäre Entwicklungsdynamik mancher Staaten wie Südkorea ... beruht wohl darauf, daß mit autoritärem politischem Zwang historische Ungleichzeitigkeit ausgereizt wird und eine oder zwei Generationen geopfert werden – durch vollständige Integrierung in den Weltmarkt wird übergangslos das kapitalistische Produktionsverhältnis aufgedrängt unter Verzicht auf den ebenso kapitalistischen Sozialschutz. Daraus entspringen zeitweise Wettbewerbsvorteile, die den Eintritt in die kapitalistische Weltproduktion ermöglichen, wobei sich hinter Wachstumszahlen wachsendes Elend verbirgt.«[95]. Drèze und Sen stellen in ihrem Buch *Hunger and Public Action* zum Fall Südkorea fest, daß dessen schnelles Wachstum »sehr deutliche Verbesserungen in wesentlichen Momenten der Lebensqualität« mit sich brachte, zum Beispiel eine »außergewöhnliche Reduzierung der Säuglings- und Kindersterblichkeit« und andere »direkte wie indirekte Anzeichen für rasche Fortschritte im Lebensstandard«. Es gebe »in der Tat solide Beweise, daß im fraglichen Zeitraum (1960 bis 1985) der Ernährungszustand der Kinder sich merklich verbesserte«, die absolute Armut »rapide abnahm, sowohl in ländlichen wie in städtischen Gebieten«, die Arbeitslosigkeit bemerkenswert niedrig sei (etwa 4 Prozent), »der allgemeine Ausbildungsstand außergewöhnlich hohes Niveau erreichte und die Reallöhne stetig gestiegen sind – in der Landwirtschaft wie in der Industrie«.[96] Die Einkommensverteilung in den NICs ist nicht nur weitaus egalitärer als in fast allen anderen Entwicklungsländern, sie übertrifft auch die einiger Industrieländer[97]; Taiwan und Südkorea sind nach den Kriterien Wachstum *und* Einkommensgleichheit die erfolgreichsten Entwicklungsländer.[98] Das Wachstum der Reallöhne hielt Schritt mit dem der Wirtschaft – und die Wachstumsraten der NICs sind ohne Beispiel in der Wirtschaftsgeschichte; niemals wurde bislang so viel Entwicklung in einer so kurzen Zeitspanne erreicht[99], und auch was den »kapitalistischen Sozialschutz« betrifft, können die NICs eine beeindruckende Bilanz vorweisen – auch Hongkong, etwa im sozialen Wohnungsbau.[100]

Die NICs hatten auch keineswegs eine günstigere materielle Ausgangssituation als andere Entwicklungsländer – im Gegenteil. Bodenschätze waren kaum oder überhaupt nicht verfügbar, selbst fruchtbares Land war in Taiwan nur begrenzt vorhanden.[101] Nach dem Krieg 1952 war Korea gründlicher verwüstet als Japan 1945, »die Voraussetzungen denkbar ungünstig«, das Land wurde als »ein hoffnungsloser Fall« angesehen, »eines der ärmsten Länder der Welt«. Noch vor 30 Jahren war das philippinische Bruttosozialprodukt pro Kopf höher als das Südkoreas – das damals ebenso hoch war wie das indische; 1981 war es siebenmal so hoch wie dieses.[102] Das vereinzelt vorgebrachte Argument, die Entwicklungsländer könnten sich nicht entwickeln, da sie nicht wie die Industrieländer im 19. Jahrhundert die Möglichkeit hätten, ihren Bevölkerungsüberschuß durch Emigration loszuwerden, ist nicht nur an sich äußerst fragwürdig, es wird auch durch das Beispiel der NICs widerlegt, die zu den – nach Bangladesh – dichtestbesiedelten Ländern der Erde gehören. Es gibt, wie Woronoff sagt, nicht viele Länder heute, die in einer schlechteren Ausgangsposition sind, als es die NICs zu Beginn ihrer Entwicklung waren.[103] Und auch die Entwicklungshilfe, die Taiwan und Südkorea über einen längeren Zeitraum in erheblichem Umfang erhielten, erklärt wenig, so hilfreich sie gewesen sein wird, denn andere Länder haben relativ ebensoviel oder mehr erhalten, ohne daß das viel nützte. Bereits in den sechziger Jahren fand sich Taiwan als erstes Entwicklungsland bereit, auf Entwicklungshilfe zu verzichten; Südkorea hatte vor allem in den Fünfzigern hohe Beträge erhalten, ohne daß dies damals, unter Syngman Rhee, viel Wirkung gehabt hätte; die Entwicklungshilfe lief in den Achtzigern aus, aber für Südkoreas wirtschaftliche Entwicklung waren kommerzielle Kredite viel wichtiger. Taiwan und Südkorea *gewähren* nun schon seit vielen Jahren Entwicklungshilfe.[104]

Kann der Erfolg der NICs wiederholt werden? Es gibt keine überzeugenden Gründe, die prinzipiell dagegen sprechen oder für den »neuen Export-Pessimismus« – und einige Länder sind ja auch gegenwärtig dabei, den Erfolg der NICs zu wiederholen: Malaysia und Mauritius, Thailand und Chinas Guangdong-Provinz.[105]

Japan und die asiatischen NICs haben bewiesen, daß Entwicklung machbar ist unter den Bedingungen der kapitalistischen Weltwirtschaftsordnung und bei enger Integration in sie. Dagegen wird eingewandt, es handele sich nicht um eine »echte«, sondern um eine »abhängige« oder »assoziierte« Entwicklung, die nicht zu wahrer nationaler Unabhängigkeit führe und negative Folgen habe. Führt man diese Argumentation zu Ende, dann sind auch die Industrieländer nicht entwickelt, da sie keine wirtschaftlich autarken und politisch voneinander unabhängigen Nationalstaaten sind.

Ds geringe Interesse der Edlen Seelen an den genannten Ländern mag auch auf deren scheinbar immer geringer werdende Differenz zur eigenen Kultur und Gesellschaft zurückzuführen sein: Sie sind verwestlicht oder, schlimmer noch, amerikanisiert. Und bei gelungener Entwicklung entfällt der kulturelle Artenschutz. Gegenüber Japan oder Taiwan scheint jede Herabsetzung oder Verächtlichmachung legitim, Ländern mit katastrophalen ökonomischen und politischen Zuständen aber, solange sie nur ausreichend archaische oder exotische Kulturen vorweisen können, gilt es ehrfürchtigen Respekt und Zartgefühl entgegenzubringen.

Es gibt kein Modell der Entwicklung mit Erfolgsgarantie (auch die Entwicklungsstrategien der NICs sind keineswegs identisch), aber es gibt eine große Grabbelkiste, in der die Erfahrungen, Analysen und Basisregeln von Jahrhunderten von Entwicklung zu finden sind, die sich zu einem für das jeweilige Entwicklungsland passenden pragmatischen und flexiblen Modell zusammenbasteln lassen. Entwicklung ist heute prinzipiell erheblich einfacher als vor 100 oder 200 Jahren, weil diese Erfahrungen vorliegen, etwa in den Arbeiten der Entwicklungsforschung und -ökonomie, der Wissenschaften der internationalen Wirtschaft und Politik, der Entwicklungssoziologie usw. Wichtiger noch: Zahllose naturwissenschaftliche, medizinische, technische Erkenntnisse und Erfindungen müssen nicht mehr gemacht werden – sie liegen vor in jeder Stadtbibliothek; die Möglichkeiten des Informationsaustausches, des Verkehrs und des Handels sind gewaltig erweitert worden wie auch die Möglichkeit, kurzfristige Schwierigkeiten und Katastrophen durch internationale Hilfe zu überwinden. Die zum Teil verblüffenden Wachstumsraten etlicher Entwicklungsländer in den letzten Jahrzehnten liegen deshalb um das zwei-, drei-, vierfache über denen der Entwicklungsländer des 19. Jahrhunderts wie Deutschland, die USA, Japan. »In der Tat hat keine frühere Periode der Wirtschaftsgeschichte soviel wirtschaftliche Entwicklung erlebt«, stellt Drucker für die Jahre 1950 bis 1990 fest, und zwar nicht nur in der Höhe der Zuwachsraten, sondern auch in der Zahl der daran beteiligten Menschen. Diese 40 Jahre »übertreffen selbst die Rekordziffern der letzten Periode schnellen Wachstums, die 40 Jahre zwischen 1875 und 1914«.[106] Allerdings sei diese Entwicklung höchst ungleich verteilt unter den Entwicklungsländern wie auch meist innerhalb der Entwicklungsländer. Das Problem der Entwicklungsländer stellt sich denn auch heute nicht als die Frage »Wie ist Entwicklung möglich?«, sondern als die, warum immer noch in so vielen Entwicklungsländern Entwicklung nur zögernd, gar nicht oder sogar negativ stattfindet.

Daß die These der fünziger Jahre vom Circulus vitiosus der Unterentwicklung (Ragnar Nurkse: »a country is poor because it is poor«), aus dem allenfalls mit fremder Hilfe auszubrechen sei, nicht stimmen kann, weil sonst Entwicklung überhaupt nicht mehr erklärt werden könnte und wir, wie Bauer es formulierte, noch alle in der Altsteinzeit leben würden, hat sich mittlerweile herumgesprochen.[107] Um ausbleibende oder zögernde Entwicklung in der Dritten Welt zu erklären beziehungsweise zu rationalisieren, wird dann erneut auf das Ausplünderungsargument zurückgegriffen, in folgender Variante: Die Ausplünderung der Kolonien habe den Industrieländern die notwendigen Voraussetzungen für ihre Entwicklung verschafft. Für die Länder der Dritten Welt aber gebe es diese Möglichkeit nicht, ergo ... Diese These ist nicht nur außerstande, den Reichtum der Schweiz oder Finnlands (oder Singapurs, Taiwans ...) zu erklären, sie versagt auch vor der – bis vor kurzem – ziemlich miserablen Situation Spaniens oder Portugals, die ja doch als zwei der Hauptplünderer und Kolonialmächte ökonomisch hervorragend dastehen müßten. Geplündert wurde in der Weltgeschichte gern und oft – von den Mongolen wie den Holländern, den osmanischen Türken wie den Spaniern: eine wirtschaftliche Entwicklung, zumal im Sinne der kapitalistischen Industrialisierung, wird dadurch nicht notwendig ausgelöst, sondern viel eher behindert.

In welchem Maße auch immer die Gewinne aus den Kolonien zur wirtschaftlichen Entwicklung der europäischen Länder beigetragen haben – die Zahlen sind umstritten –, sie können diese Entwicklung selbst nicht begründen. Sie mögen eine notwendige – und selbst da sind Zweifel erlaubt – Bedingung dafür gewesen sein, keineswegs aber eine hinreichende. Den Theorien Wallersteins, Franks und Amins, wonach der Handel zwischen Zentrum und Peripherie seit dem 15. Jahrhundert die Entwicklung der Ersten und die Unterentwicklung der Dritten Welt hervorgebracht habe, sind mittlerweile zu viele gewichtige Einwände entgegengebracht worden, als daß es noch möglich wäre, sie als Opinio communis aller rechtschaffenen Menschen vorzutragen. 1982 hatte Patrick O'Brien diese Theorien anhand der verfügbaren Daten überprüft und war zu dem Schluß gekommen, daß der Handel zwischen Zentrum und Peripherie in den drei Jahrhunderten nach 1450 von geringem Umfang war, nicht außergewöhnlich profitabel und die damit verbundenen Gratisvorteile (»externalities«) keineswegs entscheidend für das wirtschaftliche Wachstum Westeuropas. Der Handel mit der Peripherie kann auch das beschleunigte Wachstum nach 1750 nicht erklären, dafür war die Peripherie eben – zu peripher.[108] Die beiden grundlegenden Arbeiten zum Aufstieg Europas, E. L. Jones' *The European Miracle* und John A. Halls *Powers and Liberties* liefern weitere Gründe für die Zurückweisung dieser Theorie.[109] Die Vorstellung, daß die imperialistischen Mächte in den letzten drei Jahrhunderten enorme Reichtümer aus ihren Kolonien abzogen, ist nicht richtig. Neuere Untersuchungen zum britischen Empire haben zum Beispiel gezeigt, daß die Kolonien mindestens ebensoviel kosteten wie sie einbrachten[110] – das gilt übrigens auch für die deutschen Kolonien.[111] Für die afrikanischen Kolonien, die gerne als besonders überzeugender Beleg für die Ausbeutung der Kolonien und deren Nutzen für die europäischen Mächte angeführt werden, stellen Roland Oliver and J. D. Fage, die Doyens der modernen Afrika-Forschung, in *A Short History of Africa* fest, daß das Gerangel der europäischen Mächte Ende des 19. Jahrhunderts um die afrikanischen Kolonien weniger durch den Wunsch oder gar die ökonomische Notwendigkeit, diese Kolonien selber zu besitzen, verursacht war, als durch das machtpolitische Ziel, sie nicht anderen zu überlassen. Europa brauchte damals keine zusätzlichen Waren aus Afrika, und dessen Märkte nahmen nur einen verschwindenden Anteil von Europas Exporten auf. Die Kolonien kosteten Geld, wenn auch nicht viel, und das Ideal war eine sich selbst – durch Steuern – finanzierende Kolonie, was meist erst nach 30 bis 40 Jahren der Fall war.[112]

Daß der Kolonialismus der wesentliche Grund für die Armut, Unterentwicklung und internen Entwicklungshemmnisse der heutigen Entwicklungsländer war, hat nicht nur in der Dritten Welt den Rang einer Selbstverständlichkeit – auch in den Fällen, wo nie eine Kolonialisierung stattfand oder diese mehr als 150 Jahre zurückliegt. Aber die Vorstellung, daß der europäische Kolonialismus in Asien und Afrika auf wohlhabende, wohlgeordnete und sich friedlich entwickelnde Reiche stieß, die er dann ausplünderte, verwüstete und ins Elend stieß, ist nur sehr bedingt richtig. Wie die Arbeiten von Jones und Hall zeigen, kratzte der Kolonialismus erstens die großen vormodernen Staaten (Indien, China, Osmanisches Reich) bis zum 19. Jahrhundert nur an der Oberfläche an; waren diese Reiche zweitens im fraglichen Zeitraum weder wohlhabend, wohlgeordnet noch in friedlicher Entwicklung begriffen, sondern die Regierungen »Plünderungsmaschinen«, die der überwältigenden Mehrheit ihrer Bevölkerung ein Leben nur knapp über und oft genug unter dem Existenzminimum erlaubten[113] (diese Länder hatten damals schon einen geringeren Lebensstandard als die westeuropäischen); und drittens waren die Gründe für die Stagnation und den Verfall dieser Reiche wesentlich *interner* Art, nicht von außen hereingetragen. »Während es in einigen Punkten Zeichen für Fortschritt gibt, ist der Gesamteindruck des späten vorkolonialen Asiens der von Gesellschaften, die sich teils auf das Chaos zubewegen, teils sich nach innen wenden, von zunehmender politischer Schwäche und Fluktuationen ohne Entwicklung ... Die asiatischen Reiche dieser Periode, das Osmanische-, Mogul- und Mandschu-Reich, waren keine zeitlosen Despotien. Es waren Eroberungsregime, deren Ursprung in den Steppen lag, unfähig, ohne neues Land und neue Beute effizient zu überleben, mit einer erschreckenden Tendenz, Entwicklung zu behindern.«[114]

Die Liste der von Hall, Jones und Patricia Crone in ihrem Buch *Die vorindustrielle Gesellschaft* angeführten

Charakteristika dieser vorkolonialen Reiche weist eine vielleicht mehr als zufällige Übereinstimmung mit wesentlichen internen Entwicklungshemmnissen vieler heutiger Entwicklungsländer auf:

- der »räuberische« Staat – oft Militärdespotien – als »Plünderungsmaschine«;
- »räuberische«/»konfiskatorische« Besteuerung;
- wer eine politische Machtposition innehatte, neigte dazu, sie als Privatbesitz zu betrachten;
- der völlige Ausschluß des Volkes von der Regierung; der politische Prozeß war sorgfältig vor den Augen der Öffentlichkeit abgeschirmt, eine Rechenschaftspflicht der politischen Machthaber gab es nicht;
- die in sich heterogenen Gesellschaften wurden durch militärische Gewalt zusammengehalten (»Schlußstein«-Staat);
- Fehlen entwickelter Gesetze und Rechtssprechung beziehungsweise deren willkürliche Anwendung oder Mißachtung;
- die Bürokratien waren »langsam, erpresserisch und von Privatinteressen beherrscht«; generelles Unvermögen, zwischen privaten und öffentlichen Angelegenheiten zu unterscheiden;
- geringe Investitionen in Infrastruktur und die Hunger-, Seuchen- und Katastrophenprävention beziehungsweise -bekämpfung;
- eine sehr weitgehende Unsicherheit für Leben und Eigentum;
- Loyalität und Verantwortung nur gegenüber der (Groß-)Familie und anderen partikularen sozialen Gruppen oder gesellschaftsübergreifenden Instanzen (zum Beispiel Religion);

- »parasitäre« Beziehung zwischen Stadt und Land;
- Verachtung des Handels und der Händler (Ausnahme: die islamischen Staaten);
- »wer mit den Händen arbeiten mußte, wurde verachtet, die vorindustriellen Eliten der ganzen Welt waren sich einig in ihrer Abscheu vor der ›widerwärtig mechanischen Welt der Arbeit‹«.

Wenn diese Charakteristika auf die vorkolonialen Länder zutreffen und wenn sie die Entwicklung eines Landes wesentlich behindern, dann kann man den Schluß ziehen, daß es nicht, zumindest nicht ausschließlich, der Kolonialismus war, der die Unterentwicklung dieser Länder verursachte und ihre Entwicklung behinderte – oder gar diese Hemmnisse erst schuf.

Die Entwicklung Europas gründete wesentlich darauf, diese vorindustriellen Entwicklungshemmnisse im Lauf seiner einzigartigen und seltsamen Geschichte abzubauen – nicht auf der Plünderung fremder Länder, darin nämlich unterschied es sich nicht von anderen Reichen.

Kromka und Kreul haben 1991 die provozierende These vorgetragen, »daß der Kolonialismus – alles in allem betrachtet – als eine Frühform von Entwicklungshilfe zu verstehen ist« und »wesentlich mehr zum Fortschritt armer Gesellschaften beigetragen (hat), als die sich betont uneigennützig gebende moderne Entwicklungshilfe bislang zu leisten vermochte«. Das klingt nun verdächtig nach den Autobahnen, mit denen das Hitlerregime entschuldigt werden soll, aber so ist es nicht gemeint. Kromka und Kreul beabsichtigen keine nachträgliche Legitimierung oder Exkulpierung des Kolonialismus, sondern verweisen auf Fakten, die schwer zu widerlegen sind.[115] Gerade im Fall etlicher afrikanischer Staaten ist der Kontrast von – wenngleich langsamer – wirtschaftlicher Entwicklung unter dem Kolonialismus und rapider Verschlechterung nach der Unabhängigkeit auffallend (Ghana ist vielleicht das extremste Beispiel dafür).

Das muß nicht so sehr für den Kolonialismus sprechen, sondern vor allem gegen die Regime der Nkrumah und Marcos, Mobutu, Nyerere, Duvalier, Bokassa und tutti quanti – irritierend bleibt es gleichwohl, und wer hofft, die Geschichte der wirtschaftlichen Entwicklung der Dritten Welt nach dem Schema »Kolonialismus: schlecht – Unabhängigkeit: gut« verstehen zu können, irrt sich wahrscheinlich öfter, als ihm und uns lieb ist.

Interne Faktoren der Unterentwicklung

Wenn aber die strukturalistische und die Dependenztheorie offenbar fehlerhaft und wissenschaftlich längst ad acta gelegt sind, warum »dominieren sie weiterhin die Diskussion in den Entwicklungsländern und anderswo« (Gilpin), warum werden sie ausgerechnet in der Dritten Welt, die es doch am besten wissen müßte, lautstark und aggressiv vertreten? Beide Theorien erklären Unterentwicklung durch externe Faktoren und haben damit eine Entlastungsfunktion für die herrschenden Eliten der Entwicklungsländer: Sie schieben die Verantwortung für die Misere anderen zu. Sie rechtfertigen indirekt die internen politischen und gesellschaftlichen Zustände in den Entwicklungsländern, da es an diesen ja nicht liegt, wenn es nicht besser wird.

Die Identifizierung der Regierung und der herrschenden Schichten der einzelnen Entwicklungsländer mit der übrigen Bevölkerung ist eine der – meist kaum bewußten – Grundannahmen der Edlen Seelen. Daß *alle* Bürger eines Entwicklungslandes das gemeinsame Interesse haben, das Bestehende zum Besseren zu verändern, scheint so evident, daß Zweifel daran nur selten, gelegentlich in den Fällen blutrünstiger Tyrannei à la Bokassa aufkommen. Im Bericht der Südkommission heißt es 1991: »Das stärkste gemeinsame Band der Länder und Völker des Südens ist ihr Wunsch, Armut und Unterentwicklung zu entrinnen und ihren Bürgern ein besseres Leben zu sichern.« Es sind ja doch gerade die für das Elend verantwortlichen Ausbeuter aus der Ersten Welt, die solche Veränderungen blockieren; allenfalls werden noch einige korrupte Handlanger des Neokolonialismus ausgemacht: Tod den Verrätern! »Daß alle Regierungen (der Entwicklungsländer) die Majorität der Bevölkerung repräsentieren und für sie sorgen, ist offenkundiger Unsinn. Viele Regierungen sorgen sich vor allem um die Bereicherung derer, die sie an der Macht halten.«[116] Die Einkommensunterschiede zwischen reichen und armen Ländern sind extrem groß, aber die Unterschiede zwischen Reichen und Armen in vielen Entwicklungsländern sind es kaum weniger. Sie sind durchschnittlich sehr viel größer als in den Industrieländern. Die Disparität zwischen ländlichen und städtischen Einkommen ist in den heutigen Entwicklungsländern größer, als sie es in den Industrieländern zur Zeit ihrer Entwicklung war. Warum sollten Regierungen die enormen Unterschiede in der Verteilung von Land und Reichtum in ihren Ländern ändern, wenn deren Nutznießer ihre Machtgrundlage darstellen?

Zu den gravierendsten und folgenreichsten Fehleinschätzungen vieler Entwicklungsländer gehört »die Überzeugung, daß (deren) Regierungen das Gemeinwohl (public interest) verfolgen« – die Erfahrungen der letzten Zeit, so Bates 1983, widerlegen das eindeutig. »Regierungen betreiben die Erweiterung der Bürokratie und handeln so, daß sie den Reichtum und die Macht derjenigen vermehren, die ihr Einkommen aus dem öffentlichen Sektor beziehen; sie handeln auch zugunsten privater Interessen, seien es soziale Klassen, Militärcliquen oder ethnische Gruppen. Sie betreiben wirtschaftliche Umverteilung, oft von den Armen zu den Reichen und auf Kosten des wirtschaftlichen Wachstums.«[117] Der Staat ist so in vielen Entwicklungsländern ein »Revenuen oder Ausgaben maximalisierender Leviathan«[118], Plünderungsmaschine und Unterdrückungsapparat in den Händen der etablierten Interessengruppen.[119]

Vom Zustand der Unterentwicklung kann unter den gegenwärtigen internationalen und nationalen Bedingungen profitiert werden: von Politikern und Bürokraten, durch deren Hände alle offizielle Entwicklungshilfe geht und denen zum Beispiel eine überbewertete Währung und Devisenbewirtschaftung zusätzliche Macht und Einkommen gewähren, von Industriellen, die im Namen autonomer Entwicklung überteuerte Waren miserabler Qualität auf den abgeschirmten Markt schicken, von Polizisten und Militärs, die am – von der UNO oder einzelnen Industrieländern subventionierten – Kampf gegen Drogenanbau und -handel teilnehmen, von Beamten und Offizieren, durch deren Hände die Gelder und Hilfsgüter für Flüchtlinge gehen, von Teilen der städtischen Arbeiterschaft, die über starke Gewerkschaften verfügen und die Weiterführung unsinniger Produktion meist staatlicher Betriebe erzwingen können, von Medizinern und

Gesundheitsbeamten, die an der Seuchenbekämpfung teilnehmen, von Großgrundbesitzern, die notwendige Landreformen verhindern usw. usf. Über Armut und Flüchtlinge, Bürgerkrieg und Hungersnot, Drogenproduzenten und Analphabeten, Epidemien und bedrohte Regenwälder zu verfügen, kann ein entscheidendes Druck- und Erpressungsmittel im Konkurrenzkampf um die bi- und multilateralen Hilfs- und Entwicklungsgelder sein. Denn, wie's die Vernunft gebietet, bekommt der mehr Hilfe, der sie dringender braucht.

Die Einstufung eines Entwicklungslandes in die Gruppe der *least developed countries* (LLDCs) hat »eine Vorzugsbehandlung durch die ›Geberländer‹ zur Folge: Sie überlassen den LLDCs bevorzugt (nichtzurückzahlbare) Zuschüsse oder räumen ihnen zumindest Sonderbedingungen ein. Außerdem haben sie den meisten LLDCs die ausstehenden Schulden ganz oder teilweise erlassen.«[120] Nachdem die burmesischen Generäle das Land – das eines der reichsten Asiens gewesen war – in ausreichendem Maße ruiniert hatten, beantragten sie 1987 gleich selbst die Statusveränderung zum *least developed country.*[121] Daß die Situation zu »statistischen Manipulationen verführt«[122], wird nicht verwundern, und man kann nur hoffen, daß es bei statistischen Manipulationen bleibt.

Im Sudan hungern Zehntausende – Nahrungsmittelhilfe ist, so scheint es, also dringend geboten: 1990 erhielt das Land 335 000 Tonnen davon, exportierte aber zugleich gewinnbringend 98 000 Tonnen in die EG und weitere Nahrungsmittel in die arabischen Länder. 1992 – nach einer »Rekordernte« (so die Botschaft in Bonn) – liefert das Land »in großem Umfang vor allem Nahrungsmittel in die arabischen Staaten und die EG« und wird 1992 weitere 233 000 Tonnen Nahrungsmittelhilfe aus der EG bekommen.[123] Schon 1986 war es der Welternährungsorganisation aufgefallen, daß der Sudan sofortige Nothilfe beantragte und doch über einen exportierbaren Getreideüberschuß verfügte.[124] Bauer hatte den Sudan und Äthiopien (Anfang der Achtziger) als Beispiel für den Mechanismus angeführt: je schädlicher die Politik, desto größer die Not und desto wirksamer die Hilfe-Appelle.[125]

Wie die Regierenden von Entwicklungsländern mit wirtschafts- und finanzpolitischen Maßnahmen, labyrinthischen Zollregelungen, Import- und Investitionslizenzen, Marktregulierungen (Quoten und Rationierungen), mit dem Betrieb der Gelddruckmaschinen und dreistelligen Inflationsraten, überbewerteter Währung und einer hypertrophen Bürokratie konsequent Entwicklung erschweren oder verhindern und zugleich sich und ihre Klientel dabei bereichern, kann hier nicht im einzelnen dargestellt werden.[126] Zwei Beispiele: Die chaotisch wuchernde staatliche Regulierung der Industrie in Indien hatte dazu geführt, daß einige große Firmen dominierten, die Produktivität zwischen 1966 und 1980 jährlich um ein Prozent sank, technologische Fortschritte nur langsam gemacht wurden, Indiens Anteil an den Exporten der Entwicklungsländer fiel *und* hohe Gewinne erzielt wurden: 20,8 Prozent des Mehrwerts im Jahre 1982 zum Beispiel, während die Gewinne in Südkorea 1981 bei 3,5 Prozent lagen. Gesamtwirtschaftliche Unterentwicklung und Stagnation gingen einher mit hohen individuellen beziehungsweise Gruppengewinnen. In Ghana erhöhte sich nach der Unabhängigkeit die Zahl der Angestellten des staatlichen Kakao-Monopols (Cocobod) innerhalb von 20 Jahren von 5 000 auf 100 000. Im selben Zeitraum sank die Menge des vermarkteten Kakaos um die Hälfte. Finanziert wurde das Cocobod durch die Kakao-Produzenten.[127]

Die Fortführung entwicklungsfeindlicher Politik angesichts überwältigender Beweise für deren Schädlichkeit ist nicht auf Armut, Informationsmangel, wohlmeinende ideologische Verbohrtheit zurückzuführen, sondern stellt eine wohlinformierte und -überlegte, eine rationale und kompetente Politik der Verfolgung partikularer Interessen dar.[128] Unterentwicklung in all ihren Formen abzuschaffen, hieße auch, sich von Milliardenbeträgen zu trennen. Mit anderen Worten: Es gibt in zahlreichen Entwicklungsländern politisch, wirtschaftlich und militärisch mächtige Eliten, die ein erhebliches Interesse an der Aufrechterhaltung und ausländischen Mitfinanzierung des gegenwärtigen Zustandes der Unterentwicklung haben, ganz unabhängig von ihrer politischen Allianz oder Ideologie. Sie benutzen vor allem die UNO und deren Organisationen, um ihre Drittwelt-Ideologie zu propagieren, die Erste Welt für alles Elend verantwortlich zu machen und schneidig die Einhaltung universaler Werte einzuklagen, die sie in ihren eigenen Ländern *souverän* mißachten.

Es stellt sich hier die Frage nach dem Sinn und den Folgen von Entwicklungshilfe überhaupt.

Die Edlen Seelen gefallen sich darin, sich als die einzigen verläßlichen Freunde und Verbündeten der Armen in der Dritten Welt darzustellen, indem sie in Permanenz die Erhöhung der Entwicklungshilfe fordern beziehungsweise die existierende als schändlich gering abtun. Zweifel am Sinn von Entwicklungshilfe, Hinweise auf die internen Ursachen von Unterentwicklung werden nicht empirisch und methodisch widerlegt, sondern moralisch disqualifiziert. Zuweilen drängt sich der Verdacht auf, daß diese Leute nicht an den Problemen, sondern nur an ihrem Seelenheil interessiert sind. »Es interessiert mich überhaupt nicht, etwas zu sagen, was sich ein halbes Jahr später als richtig erweist. Ich möchte das machen, was ich für richtig halte, auch wenn der Verlauf der Geschichte etwas anderes beweist«, so Christoph Hein.[129] Besser als Jean-François Revel kann man solche bekennende Ignoranz nicht kommentieren: »Wie lange noch werden die Exhibitionisten von Kampagnen gegen den Hunger und sonstige Theologen der Befreiung fortfahren, ihre eigenen politischen, persönlichen und sehr narzißtischen Bedürfnisse mit den Bedürfnissen der Armen in aller Welt zu verwechseln?«[130]

Daß mehr Entwicklungshilfe mehr Entwicklung bedeutet, scheint evident. Ist aber falsch. Gewiß werden mehr Gelder für Nahrungsmittel und Medikamente mehr Verhungernde und Kranke retten können, soweit sie sie erreichen; aber zu verhindern, daß Menschen massenhaft sterben, wird man nicht als Entwicklung bezeichnen wollen. Die findet aber nicht automatisch statt, sobald viel Geld da ist. Dies Geld muß langfristig produktiv investiert werden können, und da liegt das entscheidende Problem, zum einen, weil oft gar kein Interesse an langfristig produktiven Investitionen seitens der über die Gelder verfügenden Politiker oder Beamten und ihrer Klientel besteht, zum anderen und noch wichtiger, weil die ökonomischen, politischen, sozialen und kulturellen Bedingungen dafür nicht gegeben sind.[131]

Die Fähigkeit einer Wirtschaft, Kapital produktiv zu investieren, wird *Absorptionskapazität* genannt. Das

Konzept ist kompliziert und, wie üblich, umstritten; vielleicht hat Todaro recht, wenn er darin nur »einen Euphemismus« sieht für die Fähigkeit der Empfängerländer, »die Entwicklungshilfegelder vernünftig und produktiv zu benutzen«.[132] Kapitalsummen, die über die Absorptionskapazität einer Wirtschaft hinausgehen, können deren Entwicklung nicht dienen (sie können natürlich für vieles andere dienen und tun das auch). Anfang 1992 erklärte die japanische Botschaft in Manila, daß die Philippinen offenbar nicht in der Lage seien, die stark erhöhte japanische Entwicklungshilfe von 311 Millionen Dollar (1986) auf 1,25 Milliarden Dollar (1990) zu absorbieren. Von den zuletzt ausbezahlten 495,6 Millionen Dollar seien nur 22 Prozent benutzt worden.[133] Ende der achtziger Jahre verfügte die Weltbank über 2 bis 4 Milliarden Dollar in nichtausgezahlter Entwicklungshilfe für Pakistan. In der Provinz Belutschistan wurde 1988, aufgrund der Afghanistan-Krise, Entwicklungshilfe in Höhe von 1 000 Dollar pro Person ausgezahlt. »All die üblichen Restriktionen wurden abgeschwächt, um uns weitaus mehr Entwicklungshilfe zu geben, als wir absorbieren konnten. Wir konnten nicht genug Vorschläge machen, aber die Weltbank und andere Geber waren froh, für Bewässerungsanlagen zu zahlen, die sie nie gesehen haben«, erklärte der Gouverneur der Provinz Christina Lamb.[134]

Kapital ist also nur einer von vielen Faktoren wirtschaftlicher Entwicklung und nicht der wichtigste. Zwei Beispiele: In den siebziger Jahren verfügte der Iran infolge des rapiden Ansteigens der Erdölpreise über gewaltige Kapitalsummen. Die Zuwachsraten des Bruttosozialprodukts waren unerhört hoch: 1974/75 zum Beispiel 42 Prozent, mit einem industriellen Wachstum von

15 Prozent pro Jahr. Aber die Zahlen täuschen; die Investitionen waren meist unprofitabel, die Wirtschaft ineffizient – mangelnde Infrastruktur, Mangel an ausgebildeten und technisch kompetenten Arbeitskräften, das allgegenwärtige Problem ineffizienten Managements und Korruption waren die Gründe dafür.

Dieses Mißverhältnis von verfügbaren Kapitalsummen und wirtschaftlicher Entwicklung läßt sich auch bei den arabischen OPEC-Staaten nachweisen.[135] – Während Nigeria zwischen 1960 und 1973 ein jährliches Wachstum des Pro-Kopf-Einkommens von 1,1 Prozent erwirtschaftet hatte, *fiel* es nach dem Ölboom-Jahr 1973 um 2,8 Prozent pro Jahr. Der Ölreichtum wurde weitgehend für den öffentlich-staatlichen Bereich ausgegeben: Die Zahl der dort Beschäftigten verdreifachte sich von 0,5 auf 1,5 Millionen, die Regierungsausgaben verfünffachten sich 1972-1974 und verschlangen fast 80 Prozent der Öleinnahmen; der Staatshaushalt wurde defizitär (in der Höhe von fast einem Viertel der Einnahmen) und durch Schulden finanziert: Auslandskredite und Inflationssteuer. Die Reaktion auf den zweiten Ölboom in den Jahren um 1980 war ganz ähnlich, der Anteil der Konsumtion an den öffentlichen Ausgaben nahm weiter zu.[136] Die Probleme von Booms, egal in welchem Wirtschaftszweig, werden in der Wirtschaftswissenschaft als *Dutch disease* bezeichnet; »Entwicklungshilfe kann *Dutch-disease*-Wirkungen haben, die denen eines Rohstoffbooms ähneln.«[137]

Auch sehr hohe Kapitalsummen aus *windfall-profits* oder Krediten (wie sie einige Entwicklungsländer in den siebziger Jahren von den privaten Banken erhielten) führen nicht per se zu Entwicklung. Es gibt vielmehr gute Gründe für die Annahme, daß sie ihr oft eher schaden als nützen. Das mag »die absolute Häresie« sein, aber nachteilige Folgen selbst von Nahrungsmittelhilfe (*food aid, food for work*) sind ausreichend dokumentiert.

Nahrungsmittelhilfe macht einen beachtlichen Teil der Entwicklungshilfe aus (25 Prozent der US-, 40 Prozent der EG-Hilfe) und hat – im Unterschied zu anderen Formen der Entwicklungshilfe – in den letzten 20 Jahren zugenommen. *Food aid* ist populär – was könnte sinnvoller sein, als den Hungernden in der Dritten Welt unseren Überfluß zukommen zu lassen, sagt einem doch der gesunde Menschenverstand, daß Hunger dadurch entsteht, daß nichts zu futtern da ist. *Food aid* ist populär auch bei den Regierungen der Geberländer und der Agrarlobby – sie löst selbstgeschaffene Surplus-Probleme auf Kosten der Steuerzahler und will doch nur das Allerbeste. *Food aid* ist populär bei den Regierungen der Empfängerländer, denn sie löst selbstgeschaffene Mangelprobleme, ohne deren Ursachen und damit politische Macht- und Verteilungsverhältnisse verändern zu müssen. Und niemand wird leugnen wollen, daß *food aid* in etlichen Fällen tatsächlich den Hungernden und Verhungernden geholfen hat. Die zahlreichen und von vielen Seiten erhobenen Einwände scheinen also nicht mehr als neoklassische oder marxistische Theorieübungen zu sein. Dagegen spricht jedoch, daß gerade diejenigen, die sich am intensivsten mit dem Hungerproblem beschäftigt haben (Drèze/Sen, Foster, George), zu den entschiedensten Kritikern von *food aid* gehören. Folgende, durch zahlreiche empirische Untersuchungen gestützte Einwände werden vorgebracht:

- *Food aid* ist zunächst einmal eine sehr kostspielige Form der Hilfe; sehr oft gibt es kostengünstigere und effektivere Formen der Hilfe, und sei es nur die, den Hungernden Geld zu geben, statt mit hohen Transport- und Verwaltungskosten – die bis zu 89 Prozent der Nahrungsmittelkosten selbst ausmachen können – Nahrungsmittel über die halbe Welt heranzuschaffen.[138]

- *Food aid* kann die Preise der einheimischen Nahrungsmittel senken und damit das Einkommen der Bauern, und zwar bis zu dem Punkt, daß diese die Produktion einstellen und in die Städte ziehen – wo es billige Nahrungsmittel durch *food aid* gibt. (Gewiß sind niedrige Nahrungsmittelpreise durch ihren unmittelbaren Einfluß auf die Löhne ein wichtiger Faktor bei der Stimulierung der Ökonomie, doch müssen sie in einer vorwiegend agrarischen Wirtschaft durch Produktivitätssteigerung erreicht werden, nicht durch Senken der Agrarproduktion und entsprechenden Kaufkraftverlust.)
- *Food aid* kann auch dadurch der lokalen Landwirtschaft schaden, daß sie Konsumgewohnheiten verändert: weg von den beim dortigen Klima und den dortigen Böden am produktivsten anzubauenden Nahrungsmittel, hin zu importierten.
- *Food aid* verstärkt den für Entwicklungsländer typischen *urban bias*, das heißt die Vernachlässigung und Ausbeutung der Landwirtschaft zugunsten der städtischen Interessengruppen: Militär, Beamte, Arbeiterschaft und Industrie – der Klientel der Politiker, die in erster Linie für Nahrungsmittelmangel und Hunger verantwortlich sind, und unterstützt so im Sinne eines Circulus vitiosus schädliche Politik. Zuweilen unterstützt *food aid* auch direkt die Politik verbrecherischer Regime wie im Sudan oder dem früheren Äthiopien.

- *Food aid* kann die Empfängermentalität in den Entwicklungsländern fördern sowie die Eigeninitiative und die Suche nach Alternativen hemmen. »Es gibt wenige Beispiele dafür, falls überhaupt welche, daß *food aid* heute eine erhebliche und anhaltende positive Wirkung hat«, faßt Riddell seine Erörterung des Themas zusammen.[139] *Food aid* kann helfen und hat das in einzelnen Fällen auch getan, aber generelle Forderung nach (mehr) *food aid*, wie sie – »Brot für die Welt« – die Edlen Seelen erheben, ist wohl eher mythisch-religiösen Bildern der Barmherzigkeit zuzuschreiben als Einsichten in die wirkliche Welt.

In dem Aufsatz *Foreign Aid: Central Component of World Development?* faßt Bauer seine gewichtigen Einwände gegen Entwicklungshilfe zusammen: Der Begriff »Entwicklungshilfe« ist irreführend; er impliziert, daß Entwicklungs*hilfe* der Bevölkerung in den Empfängerländern zugute kommt, was nicht der Fall ist. Man sollte sie »Regierungsunterstützung« nennen. Der Empfänger offizieller Entwicklungshilfe ist immer eine Regierung, nicht die Armen, Notleidenden oder Verhungernden, die die Entwicklungshilfepropaganda zeigt. Die Identifizierung von Regierung und Bevölkerung ist falsch. Der Glaube, daß Entwicklungshilfe zumindest nicht schaden könne, verkennt die politischen, sozialen und kulturellen Folgen dieser Unterstützungsgelder – sie gehen an Regierungen, die eine Politik verfolgen, die geradewegs ökonomischen Fortschritt verhindert und den Interessen ihrer ärmsten Bürger entgegensteht. Entwicklungshilfe ist kontraproduktiv, indem sie die Macht dieser Regierungen vermehrt, zu einer Politisierung des Lebens und Verteilungskämpfen führt und Energien vom ökonomischen Sektor abzieht. (Vernières formuliert das so: Es ist wichtiger, eine gute Position innerhalb dieser generalisierten Korruption des Verteilungssystems zu haben, als einer produktiven Tätigkeit nachzugehen.) Die seit Jahrzehnten betriebene destruktive Politik dieser Regierungen ist nicht wohlmeinenden Irrtümern zuzuschreiben, sondern dient den Interessen der Herrschenden. Entwicklungshilfe nach dem Kriterium des Pro-Kopf-Einkommens belohnt eine Politik der Verarmung. Entwicklungshilfe verstärkt weitverbreitete soziokulturelle Einstellungen und Verhaltensmuster, die der Entwicklung entgegenstehen. Sie ermutigt Regierungen zu Bettelei und Erpressungen statt zur Erforschung der internen Entwicklungspotentiale. Während Entwicklungshilfe ökonomisch allenfalls von zweitrangiger Bedeutung ist, wirkt sie negativ auf primäre politische und kulturelle Determinanten der Entwicklung. Sie erlaubt die Fortführung extrem schädlicher Politik, verschleiert deren Schädlichkeit vor der Bevölkerung, gibt den Regierungen Respektabilität und hält sie an der Macht. – Soweit Peter Bauer, Prof. emerit. der London School of Economics, der sich mehr als ein halbes Jahrhundert lang mit der Untersuchung der Ökonomie der heutigen Entwicklungsländer beschäftigt hat.

Da Bauers Urteil als einseitig und Ausdruck theoretischer Voreingenommenheit abgetan werden könnte, soll hier auch ein neoklassischer Tendenzen unverdächtiger Fachmann zu Wort kommen, Klaus Thüsing, früher SPD-Dissident, heute beim Deutschen Entwicklungsdienst und Leiter des DED-Büros in Nairobi. »Wenn man sich ... die Entwicklung Kenias in den mehr als 25 Jahren seit der Unabhängigkeit ansieht, mag man zweifeln, ob die kombinierte Anstrengung der vielen Dutzend (Entwicklungshilfe-)Organisationen das Land wirklich vorangebracht hat ... Wenn man sich die Lebenslage der Bevölkerungsmehrheit ansieht, ist Kenia heute zweifellos ärmer als vor 25 Jahren ... Mir ist in den vier Jahren, seit ich hier bin, ein wesentlicher Faktor der europäischen Entwicklungszusammenarbeit in Afrika aufgefallen: Wir haben uns mit korrupten Eliten eingelassen und haben nicht versucht, diese korrupten Eliten zu beseitigen. Das hat historische Ursachen: Nach ihrer Unabhängigkeit sollten diese Länder selbst bestimmen, wer sie führt und welche Regierungsform sie annehmen. Jeder Eingriff galt als neokolonial. Wir haben aber dann auch zugelassen, daß in vielen Ländern Regierungen an die Macht kamen, die nach unseren Rechtsbegriffen geradezu kriminelle Vereinigungen sind, die die Länder zu ihrem Vorteil ausplünderten. Durch die Entwicklungshilfe haben wir diese korrupten Eliten noch gefördert und dabei übersehen, daß für die Mehrzahl der Armen wenig übriggeblieben ist. Das war ein wesentlicher Fehler ... Da entwickelt sich in einem ganzen Volk eine Bettelmentalität.«[140]

Der Hinweis auf die internen Ursachen von Unterentwicklung und die Kritik der Entwicklungshilfe werden gern dahingehend mißverstanden, man wolle sich so seiner moralischen Verpflichtung zur Hilfe entziehen und die Dritte Welt ihrem Elend überlassen. »Die Ineffizienz bisheriger Entwicklungshilfe und das mittlerweile wohlfeile Argument, Entwicklung scheitere in erster Linie an den unfähigen Eliten der Entwicklungsländer, sind willkommene Belege für eine Argumentation, die darauf hinausläuft, die Länder des Südens ihrem Schicksal zu überlassen.«[141] Daß man die Länder des Südens ihrem Schicksal nicht überlassen dürfe, gehörte zur Grundausstattung imperialistischer Rhetorik – die antikolonialen Befreiungsbewegungen bestanden demgegenüber darauf, gefälligst ihrem eigenen Schicksal überlassen zu werden. Das ist lange her. – Nun mag es Leute geben, die den oben erwähnten Schluß ziehen, es ist aber nicht einzusehen, warum die Diskussion auf dem Niveau des kleinsten gemeinsamen Intelligenzquotienten geführt werden soll.

Ein moralischer Grundsatz lautet, daß wir auch dann zur Hilfe verpflichtet sind, wenn der Hilfsbedürftige seine Notsituation selber zu verantworten hat. Einem Ertrinkenden, der durch eigenes Verschulden ins Wasser gefallen ist, werden wir deshalb unsere Hilfe nicht verweigern – ebensowenig wie jemandem, der seinen Wagen volltrunken gegen einen Baum steuerte. Aber es mag eine gute Idee sein, ihm zur Genesung nicht mit einer Flasche Cognac zu gratulieren. Das bringt uns zu einem weiteren erinnernswerten moralischen Grundsatz: Die Hilfe, die wir leisten, muß wirkliche Hilfe sein, das heißt die Mittel müssen den angestrebten Zweck der Linderung oder Beseitigung der Not erreichen. Unsere Verpflichtung zur Hilfe schließt also die Korrektur fehlerhafter und die Unterlassung unzweckgemäßer oder gar direkt schädlicher Hilfe ein – wie umgekehrt gilt, daß der Zweck nicht dadurch aufgehoben wird, daß die Mittel inadäquat sind.

Ich gehe davon aus, daß wir zur Hilfe für die Dritte Welt verpflichtet sind, ohne dies hier zu begründen. Roger C. Riddell, der ein kluges Buch darüber geschrieben hat, stellte überrascht fest, daß die Befürworter von Entwicklungshilfe in den letzten 30 Jahren weder eine tiefergehende Begründung dafür vorgebracht haben noch eine adäquate Kritik abweichender Einstellungen, und auch die Literatur zur Entwicklungshilfe zeige »eine fast vollständige Abwesenheit einer systematischen und umfassenden Verteidigung der moralischen Begründung von Entwicklungshilfe«.[142] Die Tatsache, daß die Kritik an der Entwicklungshilfe »schon zu einem Gemeinplatz« in der »entwicklungspolitischen Diskussion, zumal in der Dritte-Welt-Bewegung« geworden ist,[143] daß falsche Argumente und unzulässige Verallgemeinerungen gegen die Entwicklungshilfe vorgetragen werden, sollte einen nicht daran hindern, die richtigen Argumente und zulässigen Verallgemeinerungen gegen sie vorzutragen.

Eine angemessene Beurteilung des Erfolgs oder Mißerfolgs von Entwicklungshilfe ist sehr schwierig,[144] allgemein akzeptierte und angewandte Kriterien und Verfahren der Bewertung gibt es noch nicht, und so ist es auch nicht verwunderlich, daß die Ergebnisse differieren,[145] von überwiegend positiv bis überwiegend oder ganz negativ. Aber auch die entschiedensten Befürworter von Entwicklungshilfe, und sie betonen vor allem deren positive *Möglichkeiten*, fordern weder eine globale Erhöhung der Entwicklungshilfe, noch sehen sie darin allein eine hinreichende Bedingung von Entwicklung.[146] Weitgehende Übereinstimmung besteht auch darin, daß Entwicklungshilfe gerade dort, wo sie am nötigsten zu sein scheint, oft am wenigsten bewirkt,[147] zum Beispiel in Schwarzafrika. Das Argument, daß nur 20 Prozent der Entwicklungsinvestitionen in den landwirtschaftlichen Sektor gingen, obwohl 65 Prozent der Bevölkerung der Dritten Welt und 80 Prozent der absolut Armen von der Landwirtschaft leben,[148] eine Erhöhung der Entwicklungshilfe also gerade hier positive Wirkung haben müßte, wird von neueren Untersuchungen nicht bestätigt.

»Subsahara-Afrika ist die Region, die das stärkste Argument für eine Erhöhung der Entwicklungshilfe liefert«, hatte Riddell noch 1987 geschrieben – die bislang umfangreichste Studie über die Entwicklungshilfe für die Landwirtschaft dieser Region in den letzten 20 Jahren stellt 1991 im Vorwort, den Tenor der meisten Einzelbeiträge wiederholend, fest, daß »Entwicklungshilfe Teil des Problems ist. Der Umfang der Entwicklungshilfe für Afrika ist viel zu groß in Relation zu den Absorptionskapazitäten des Kontinents.«[149] Auch Heimpel/Schultz finden es »schwierig, nicht zu diesem Schluß« – daß nämlich Afrika »overaided« sei – »zu kommen«.[150]

Im Gegensatz zu Riddells Auffassung könnte man vielmehr zu dem Schluß kommen, daß diese Region das stärkste Argument gegen Entwicklungshilfe liefere, insofern sie etwa ein Drittel aller Entwicklungshilfegelder auf sich gezogen hat (bei einem Anteil der Bevölkerung der Dritten Welt von 12 Prozent), mit den höchsten Pro-Kopf-Raten und Anteilen der Entwicklungshilfe am Staatshaushalt, und zugleich die geringste oder sogar negative wirtschaftliche Entwicklung aufweist. Ein eklatantes Beispiel dafür ist Somalia mit seinem krassen Mißverhältnis von Entwicklungshilfe, die weltweit zu den höchsten gehörte, und wirtschaftlichem Ruin, Korruption und Verschuldung.[151] Auch der Senegal, eines der am reichlichsten mit Entwicklungshilfe bedachten Länder, weist eine deprimierende Entwicklungsbilanz auf: das Pro-Kopf-Einkommen war 1989 so hoch wie 1960; 60 Prozent der öffentlichen Ausgaben gehen in den Verwaltungsapparat.[152] Ganz ähnlich ist die Situation in Tansania, dessen Expräsident Nyerere wohl der Weltmeister im Anschaffen von Entwicklungshilfe *und* dem Ausstoßen von Drittwelttiraden gegen die Geberländer war – aber ob Mali oder Malawi, Niger oder Nigeria, die Entwicklungsbilanz der Region ist insgesamt negativ, und die meisten Länder sind heute ärmer als vor der Unabhängigkeit. In vielen Fällen (mir fallen sofort der Sudan, Äthiopien, Tansania ein) finanzierte Entwicklungshilfe eine evident entwicklungs- und menschenfeindliche Politik.[153]

Eines der gängigsten Einschüchterungs- und Beschämungsmittel der entwicklungspolitischen Diskussion ist die Berechnung der Entwicklungshilfe als Prozentzahl des Bruttosozialprodukts.[154] 0,3 Prozent, 0,4 Prozent, 0,7 Prozent ... so lächerlich wenig nur vermag den Menschen in der Ersten Welt der Anblick von Hunger, Elend, Tod abzuringen. (Daß derselbe Anblick den dafür verantwortlichen Eliten der Dritten Welt erheblich gleichgültiger ist, scheint niemanden *betroffen* zu machen.) Die japanische Regierung gibt traditionellerweise ihren Verteidigungshaushalt als Prozentsatz vom Bruttosozialprodukt an: etwa ein Prozent. Das wird – zu Recht – als Augenwischerei kritisiert; in absoluten Zahlen bedeutet dieses eine Prozent, daß Japan die sechst- bis achtgrößten Militärausgaben der Welt hat. Die Ausgaben eines Staates für Entwicklungshilfe nicht als Anteil am Staatshaushalt oder in absoluten Zahlen anzugeben, sondern in Prozentzahlen des Bruttosozialprodukts – so als gäbe man die Entfernung Frankfurt-München als Prozentzahl der Entfernung der Erde vom Mond an –, dafür gibt es keinen anderen Grund als den, ihre Höhe herunterzuspielen.

Mit derartigen präzisen Prozentzahlen – 0,7 oder 1,0 – wird andererseits unterstellt, daß sie fundierte Angaben über die Kapitalbedürfnisse der Entwicklungsländer darstellen. Diese Zahlen waren Anfang der Sechziger von der UNO »vollkommen willkürlich« festgesetzt worden, und auch heute noch sind sie – so auch ein Verteidiger der Entwicklungshilfe wie Riddell – »völlig willkürlich«,[155] nur eine pseudo-präzise Umschreibung für »wir wollen *mehr*«. Berechnet man jedoch den Anteil der Entwicklungshilfe am Bruttosozial- beziehungsweise Bruttoinlandsprodukt, den Staatshaushalten oder den Importausgaben der *Empfängerländer*, wird klar, daß dies beträchtliche Summen sein können. Für die *least developed countries* macht Entwicklungshilfe etwa 9 Prozent ihres Bruttosozialprodukts aus, 3 Prozent für andere *low income countries*, für die ärmsten Subsahara-Länder bis zu 20 Prozent des Bruttosozialprodukts und 40 Prozent der Importe.[156] Der Anteil der Entwicklungshilfe an den Regierungsausgaben betrug 1970-1987 für Malawi 44 Prozent und im Senegal 42 Prozent; Tansania 34 Prozent, Kenia 23 Prozent, Kamerun 21 Prozent. Ende der Achtziger stieg der Anteil für Tansania und Malawi bis auf 70 Prozent.[157] Für Schwarzafrika insgesamt machte Entwicklungshilfe Anfang der Achtziger 17,4 Prozent der öffentlichen Ausgaben aus, pro Kopf zwischen 6,1 und 110,0 Dollar.[158] Nach Cassen deckt Entwicklungshilfe 40 Prozent der Importe dieser Region und für deren *Low-income*-Länder 50 Prozent der Investitionen, für die ölimportierenden Länder mittleren Einkommens noch 24 Prozent. In Mali werden 90 Prozent aller Investitionen durch Projekt-Entwicklungshilfe finanziert. Öffentliche Ausgaben wurden Anfang der Achtziger zu 80 Prozent in Mali mit Entwicklungshilfe bestritten, im Sudan zu 53 Prozent, Tansania 36 Prozent, Kenia 25 Prozent.[159]

All das hat wenig genützt, bestenfalls eine noch schnellere Unterentwicklung verhindert, und auch ein gut informierter und zurechnungsfähiger Beobachter könnte auf den Gedanken kommen, daß die Entwicklungshilfe selbst einer der Gründe für die progredierende Unterentwicklung ist. »Was relativ geringe Summen für die Geberländer sind, können gewaltige Summen für die Empfängerregierungen sein ... um so mehr, als sie in ausländischer Währung sind. Tansania zum Beispiel ›verdient‹ doppelt soviel durch Entwicklungshilfe wie durch seine Exporte. Warum soll man Exporternten in einem heißen Klima anbauen, um dann nur einen Bruchteil ihres Werts ausgezahlt zu bekommen, wenn man nach Daressalam gehen, in einem Büro mit Klimaanlage sitzen und seine Hände durch bürokratische Intrigen auf Unsummen von Dollar legen kann? Das ist übrigens auch einer der Gründe für die Feuergefährlichkeit afrikanischer Finanzministerien: Ihre Unterlagen müssen periodisch zerstört werden. Und Entwicklungshilfe hat, vom Gesichtspunkt der Bürokratie aus, die erfreuliche Konsequenz, daß sie, je schlechter die Lage, desto nötiger ist. Entwicklungshilfe und ihre angeblichen intellektuellen und moralischen Rechtfertigungen haben einen zutiefst zerstörerischen Einfluß auf das Wirtschaftsleben Afrikas ausgeübt. Kulturelle Faktoren spielen eine gewaltige, wenngleich ungenügend anerkannte Rolle in der wirtschaftlichen Entwicklung. Entwicklungshilfe schafft eine Kultur der Erwartung und Ansprüche statt einer Kultur der Leistung und Belohnung. Entwicklungstheorien westlicher Universitäten, die den Blick auf die Verteilung des Reichtums der Welt statt auf dessen Schaffung lenken, haben dazu beigetragen, Millionen zu verarmen. Entwicklungshilfe für Afrika ist deshalb, außer aus humanitären Gründen bei Hungersnöten, nicht nur unwirksam, sie ist kontraproduktiv und zutiefst schlecht. Es gibt keine Entschuldigung für die fortdauernde Existenz dieser Schlechtigkeit.«[160]

Der Hinweis auf die internen politischen, sozialen und kulturellen Hemmnisse der Entwicklung sieht sich mit prompter Zuverlässigkeit des Ethnozentrismus, Rassismus und anderer unappetitlicher Dinge angeklagt. Zu Unrecht. Daß prinzipiell Menschen aller Kulturen zu wirtschaftlicher Entwicklung fähig sind, beweist der Erfolg nicht nur der asiatischen NICs, sondern auch so unterschiedlicher Länder wie Costa Rica, Mauritius oder Botswana,[161] der Erfolg initiativer und unternehmerischer Bürger vieler Entwicklungsländer unter widrigsten Umständen[162] sowie der Erfolg von Emigranten aus den Entwicklungsländern in den Industrieländern.

Auch wenn man das Postulat, daß alle Kulturen den gleichen Wert und gleiches Recht auf Respekt und Anerkennung haben, akzeptiert, so folgt doch daraus nicht, daß alle Kulturen in gleicher Weise wirtschaftliche Entwicklung hemmen oder fördern. Gewiß hat jedes Land das Recht, selber zu bestimmen, ob und wie es sich ökonomisch entwickeln will. Ein Recht darauf, von anderen Ländern ausgehalten zu werden, hat es nicht. Die quasi religiöse und oft vehement nationalistische Verklärung der eigenen Kultur zur unantastbaren »kulturellen Identität« hat eine Menge Schaden angerichtet, und der Hinweis auf die kulturelle Identität und deren Bedrohung durch den »Kulturimperialismus« der Industrieländer ist – neben dem Souveränitätsvorbehalt – eine der beliebtesten Notbremsen, wenn Veränderungen gefordert werden.[163] Unterstellt wird oft fälschlicherweise, die Entwicklung der Industrieländer habe sich gleichsam notwendig und organisch aus deren Kulturen ergeben, ohne wesentliche kulturelle Veränderungen, Krisen und radikale Brüche. Anders aber ist Entwicklung nicht zu haben – auch die künftige der Industrieländer nicht. Der kurrente religiöse und kulturelle Fundamentalismus will das nicht wahrhaben.

»Die Länder des Südens haben nur eine Chance, wenn wir uns ändern, wenn wir partnerschaftsfähig werden.« So beendet Eppler seinen oben zitierten *Zeit*-Artikel. Müßte es nicht vielmehr heißen »wenn *sie* sich ändern«?

Die Abschaffung von Armut und Elend in der Dritten Welt stellen sich die Edlen Seelen meist im Bild des *Teilens* vor (St. Martin): Der Reiche gibt dem Armen und stellt so einen Zustand gerechter, das heißt gleicher Güterverteilung her. Die Weltwirtschaft wird dabei als ein Nullsummenspiel gesehen: Was der eine kriegt, muß dem anderen genommen werden und umgekehrt. Deshalb scheint auch das Argument der Ausbeutung angesichts der offensichtlichen Ungleichheit des Reichtums so plausibel. In ihrer Beschreibung der vorindustriellen Gesellschaft verweist Crone auf die dort herrschende »Ansicht, daß Reichtum eine feste Größe war, die nur auf Kosten anderer zu gewinnen sei: Man konnte nicht reicher werden, ohne daß andere ärmer wurden.«[164] Bei der Vorstellung des *Human Development Report* des United Nations Development Programme wurde im April 1992 gedroht, »die armen Länder könnten es nicht hinnehmen, daß die Industrieländer ein dauerndes Anrecht auf 85 Prozent des Welt-Einkommens haben«,[165] so als ob dieses Welt-Einkommen eine von der Produktion unabhängige gegebene Größe wäre und das Problem der Entwicklung darin bestünde, von einem immer schon gebackenen Kuchen ein möglichst großes beziehungsweise »gerechtes« Stück zu erkämpfen. (Aber, das sei hier schon verraten, die Weltwirtschaft ist kein Nullsummenspiel.) Anders gesagt: Für die Edlen Seelen ist die Abschaffung von Armut und Elend identisch mit der Herstellung materieller Gleichheit zwischen Erster und Dritter Welt. Beide sind aber nicht notwendig identische Entwicklungen. Man kann sich unschwer vorstellen, daß Gleichheit hergestellt wird – aber auf dem Niveau der armen Länder der Dritten Welt, das heißt mit einer Verallgemeinerung von Hunger und Elend, nicht mit deren Abschaffung. Umgekehrt läßt sich, ohne ins Abstruse zu geraten, annehmen, daß die Dritte Welt das gegenwärtige Niveau der Ersten erreicht, diese aber währenddessen noch reicher geworden ist, die Ungleichheit also erhalten bliebe oder gar noch größer wäre. Es besteht also die Möglichkeit, daß die zwei dem Drittwelt-Diskurs zugrundeliegenden unterschiedlichen Postulate, das der Abschaffung von Armut und Elend und das der gleichen Güterverteilung (beziehungsweise des gleichen wirtschaftlichen Entwicklungsstandes), kollidieren. Und damit besteht auch die Möglichkeit, daß ein Insistieren auf Gleichheit der Realisierung des anderen Ziels, Abschaffung von Armut und Elend, abträglich ist.

Der Harvard-Ökonom Robert Reich fragte eine große Zahl von Amerikanern aus verschiedenen sozialen Gruppen, welche Zukunft besser für die USA wäre: eine, in der die US-Wirtschaft im nächsten Jahrzehnt um 25 Prozent wächst und die japanische um 75 Prozent, oder eine mit

Zuwachsraten von jeweils 10 und 10,3 Prozent? In allen Gruppen (mit Ausnahme der Wirtschaftswissenschaftler) sprach sich eine Mehrheit für die zweite Option aus, die sogenannte *Beggar-thy-neighbor*-Option.[166] Übertragen wir nun die Frage auf die Relation Erste und Dritte Welt, und berücksichtigen wir dabei noch das Postulat der Gleichheit, also zum Beispiel: Welche Zukunft ist besser für die Dritte Welt, eine, in der ihre Wirtschaft im nächsten Jahrzehnt um 25 Prozent wächst und die der Ersten Welt um 75 Prozent, oder eine, in der ihre Wirtschaft um 10 Prozent wächst, die der Ersten Welt aber um 50 Prozent abnimmt? Je nachdem, welchem Postulat wir Priorität geben, würden wir uns für die eine oder die andere Entwicklung entscheiden müssen. Es ist klar, daß die zweite Variante im Verhältnis zur ersten die *Beggar-thy-neighbor*-Option darstellt, auch wenn man sie, wie es vermutlich die Edlen Seelen tun würden, als *Beggar-thyself*-Option vertritt. Gesetzt den Fall, wir stünden vor einer solchen Alternative, wie sollten wir uns entscheiden?

Das Postulat der materiellen Gleichheit aller hat sehr alte mythische Wurzeln (wenngleich die Erweiterung des Kreises der Anspruchsberechtigten auf wildfremde Leute in der ganzen Welt eher neueren Datums ist) und war eine große mobilisierende Kraft vieler millenaristischer, messianischer und anderer religiöser und politischer Bewegungen. Der heutige Fundamentalismus wird zum Teil ebenfalls davon mitgetragen, wobei die Gleichheitsforderung oft im Zusammenhang mit Ursprungsmythen auftritt: das Urchristentum, die islamische Gesellschaft zu Lebzeiten des Propheten als Ideale der Gleichheit und Gerechtigkeit, die es wiederherzustellen gilt. Da es historisch meist nicht darum ging, unterschiedliche Level von

Reichtum gleichzumachen, sondern krasse Differenzen von Armut und Reichtum, konnte das Postulat der Gleichheit leicht mit dem der Abschaffung von Armut identifiziert werden.

Wenn die These von der Ausbeutung der Dritten durch die Erste Welt nicht stimmt, also ein größerer Reichtum der Ersten Welt nicht die Ursache größerer Armut der Dritten Welt ist, dann könnte ein Insistieren auf dem Gleichheitspostulat der Abschaffung von Armut und Elend im Wege stehen. Nach Zahlen der UNCTAD (United Nations Commission for Trade and Develoment) von 1981 bewirkt ein jährliches Wachstum des Bruttosozialprodukts der Industrieländer von 3 Prozent eine entsprechende Wachstumsrate der Entwicklungsländer von 4,5 Prozent, umgekehrt ein Rückgang der Wachstumsraten der Industrieländer von 2 Prozent einen entsprechenden Rückgang in den Entwicklungsländern von 3 Prozent. »Eine Politik der Förderung steten Wachstums in den OECD-Ländern wird die Export- und Wachstumsaussichten der Entwicklungsländer erhöhen ... die Wachstumsraten der Industrieländer und der Entwicklungsländer folgen einander ziemlich genau.«[167] Wenn es andererseits stimmt, daß eine Abkopplung von der Weltwirtschaft keine stärkere Entwicklung nach sich zieht, sondern weniger, dann kann man annehmen, daß eine Zunahme des Reichtums der Industrieländer eine Verringerung der Armut der Entwicklungsländer zur Folge hat. Wer also an einer Verringerung von Armut und Elend in der Dritten Welt interessiert ist, muß deshalb nicht eine Verringerung des Reichtums der Ersten Welt fordern. Eine Verringerung der Armut durch eine Vergrößerung unseres Reichtums mag eine moralisch mißliche Formel sein, ökonomisch macht sie auf alle Fälle mehr Sinn als die von der Verringerung der Armut durch eine Verringerung unseres Reichtums.[168]

Ausbeutung durch Verschuldung

Die Verschuldung der Dritten Welt stellt gegenwärtig wohl das populärste Beispiel für die Ausbeutung der Dritten Welt durch die Erste dar; jährliche »Nettotransfers« von 30 oder 40 Milliarden Dollar aus den armen in die reichen Länder – was könnte Ausbeutung sinnfälliger demonstrieren? Daß die Schuldenkrise eines der wichtigen Probleme vieler Entwicklungsländer und der Weltwirtschaft insgesamt ist und viele Entwicklungsländer seit etwa 1983 mehr Schuldendienstzahlungen leisten, als sie an neuen Krediten erhalten, wird meines Wissens von niemandem bestritten. Der Rest ist umstritten, und wer einmal in diesem Zahlen-Ameisenhaufen gestochert hat, wird sich darüber nicht wundern.

Die weitverbreitete Vorstellung, die Schuldenkrise habe ihren Grund in der Armut der Dritten Welt (also etwa in der Unfähigkeit der ärmsten Länder, Kredite für Nahrungsmittel und andere überlebensnotwendige Güter zurückzuzahlen), ist allenfalls bedingt richtig. Zwar finden sich einige der ärmsten Länder wie die Subsahara-Staaten auf der Liste der hochverschuldeten Länder, aber diese haben doch nur einen Anteil von 11 Prozent an der Gesamtverschuldung der Dritten Welt (und sie sind nur zu 17 Prozent bei privaten Banken verschuldet, was das Hauptproblem darstellt), erhalten aber über ein Drittel aller Entwicklungshilfe. Der Schuldendienst auf die Gesamtverschuldung der Region von 164 Milliarden Dollar macht jährlich zirka 7 Prozent aus.[169] Auch im Fall der Schuldenkrise zeigt sich, wie problematisch der Begriff »Dritte Welt« oder »Süden« ist beziehungsweise wie heterogen die darunter gefaßten Länder sind. Die Entwicklungsländer sind nach Höhe, Art und Ursache der Schulden sehr unterschiedlich von dieser Krise betroffen, und gerade einige der reichsten Entwicklungsländer sind am höchsten verschuldet.

Der Anlaß für die Verschuldung waren denn auch nicht Armut und Geldmangel, sondern ein Überfluß an Geld. 1973 gelang es der OPEC, die Ölpreise in die Höhe zu treiben und damit eine der größten Umverteilungen von Reichtum in der Weltgeschichte auszulösen. Diese Petrodollars und der Dollar-Überhang auf dem Eurodollar-Markt sowie die inflationäre Geldpolitik überall auf der Welt ließen in den siebziger Jahren die Geldreserven der großen westlichen Privatbanken anschwellen. Durch die von der Ölkrise ausgelöste Rezession in den Industrieländern fielen die traditionellen Kreditnehmer dieser Banken aus, und zugleich ermunterte das Beispiel der OPEC viele Entwicklungsländer zur Absage an die Multis und ausländische Investoren: autonome, durch Schulden finanzierte Industrialisierung war das Programm. (Die ölimportierenden Entwicklungsländer bezahlten die OPEC-Preiserhöhungen von 1973 bis 1982 mit 260 Milliarden Dollar (335 Milliarden, wenn man Zinszahlungen hinzurechnet), mehr als die Hälfte ihrer 482 Milliarden Dollar Gesamtschulden, so daß die westlichen Banken also der OPEC Markt und Preise sichern halfen.)[170]

So begannen die Banker der Industrieländer in die Dritte Welt auszuschwärmen, um ihre Gelder profitlich anzulegen – allerdings durchaus nicht in alle Entwicklungsländer, sondern in die kreditwürdigsten, das heißt die relativ entwickeltsten und rohstoffreichsten wie Mexiko und Brasilien, Argentinien und Nigeria (wobei also auch Ölexporteure mit *windfall-profits* sich verschuldeten!). Immer mehr Banken beteiligten sich, immer mehr Länder galten als kreditwürdig (zum Beispiel Zaire), und die Kredite wurden immer größer und riskanter. Wenn die Frage, warum die Banken derart riskante Kredite vergaben, sich einigermaßen erklären läßt durch die schiere Not, das viele Geld gewinnbringend loszuwerden, Raffgier (je riskanter ein Kredit, desto höher die Zinsen), Lemmingseffekt und historisches Desinteresse (»nations never go bankrupt« erklärte einer der führenden US-Banker), so fällt die Antwort auf die Frage, warum die verschuldeten Länder diese Kredite zurückzuzahlen versuchen oder zumindest so tun, erheblich schwerer. Denn die Schulden der Entwicklungsländer sind zum größten Teil Schulden von Staaten: *sovereign debt.* Es nützt da nichts, die Gerichte zu bemühen[171] oder dem Säumigen zur Mahnung einige rüstige junge Männer ins Haus zu schicken; auch der im 19. Jahrhundert noch erfolgreiche Einsatz von Kanonenbooten verbietet sich heute. Wie Lindert gezeigt hat, gibt es zudem für das Schuldnerland einen Anreiz, seinen Schuldendienst dann einzustellen, wenn die Zahlungen dafür größer werden als die neuen Kredite, die es erhält.

Die Geschichte des Verhältnisses von Banken und Staaten seit der Renaissance ist voller Spannungen; es kam wiederholt zu – auch internationalen – Schuldenkrisen, und etliche Länder haben schon mehrfach den Offenbarungseid geleistet (zum Beispiel Argentinien sechsmal, Guatemala zwölfmal ...). Ein Staat kann also weder zum

Schuldendienst gezwungen werden, noch schadet ihm nach bisherigen historischen Erfahrungen eine Insolvenzerklärung langfristig bei späteren Kreditvergaben. Entgegen dem oft entworfenen Bild von den verschuldeten Entwicklungsländern als armen, machtlosen Opfern, die der geballten Macht und den Pressionen von Großbanken, internationalen Organisationen und Regierungen ausgesetzt sind, ist also auf die durchaus nicht so ungünstige Verhandlungsbasis der verschuldeten Länder hinzuweisen. Um das Gläubiger-Druckmittel der Suspendierung von Handelskrediten für den Import zu umgehen, erhöhten die Schuldnerländer der Dritten Welt ihre Devisenreserven 1984 um 22 Milliarden Dollar; die 7 größten Schuldner sammelten zwischen 1982 und 1984 16 Milliarden Dollar dafür an.[172] Die Position der Schuldnerländer ist um so günstiger, je verschuldeter sie sind. Und die abrupte und unverhüllte Insolvenzerklärung eines hochverschuldeten Landes – wie sie Mexiko androhte –, kann eine Weltfinanzkrise auslösen. Gründe genug, zumindest die hochverschuldeten Entwicklungsländer pfleglich zu behandeln. Die These, daß Länder wie Brasilien und Mexiko nicht etwa in die Schuldenkrise geschlittert, sondern planvoll und entschlossen in sie hineinmarschiert seien, ist nicht unplausibel,[173] zumal wenn man bedenkt, daß die Leute, die von den Krediten profitieren und diejenigen, zu deren Lasten die Rückzahlung dieser Kredite geht, nicht unbedingt dieselben sein müssen.

Bei Ausbruch der Schuldenkrise 1982 betrug die Gesamtverschuldung der Entwicklungsländer 753 Milliarden Dollar, 1987 bereits über eine Billion und gegenwärtig sind es über 1,3 Billionen (inklusive der osteuropäischen Schulden). Darin sind aber auch die Schulden von sogenannten unproblematischen (21 Prozent) und mäßig verschuldeten Ländern (26 Prozent; Zahlen von 1988) enthalten; die Summierung *aller* Entwicklungsländer-Schulden gibt also ein verzerrtes Bild, insofern sie Schulden enthält, die ohne »Schuldenkrise« gar nicht als problematisch wahrgenommen worden wären. Denn Schulden zu haben ist auch für ein Entwicklungsland nicht notwendig ein Problem. Die Vorstellung, daß Kredite zu kommerziellen Bedingungen (für die regelmäßig Schuldendienstzahlungen geleistet werden müssen, so daß irgendwann einmal deren Höhe die des ursprünglich gewährten Kredits übersteigt) schon an sich gegen die Interessen der Entwicklungsländer sind und letztendlich zu Ausbeutung und Verarmung führen, ist nicht richtig. Obwohl sich der internationale Kreditverkehr (*sovereign debt*) in wichtigen Punkten vom nationalen unterscheidet, gibt es doch wesentliche Gemeinsamkeiten – unter anderem die, daß ein produktiv investierter Kredit in der Regel mehr einbringt, als er kostet. Schuldner wie Gläubiger sind nach erfolgreichem Abschluß des Kreditgeschäfts reicher als vorher – das beweist (und ermöglicht) etwa der unbeirrt fortwesende, real existierende Kapitalismus. Damit dieses für beide Seiten erfreuliche Resultat sich auch bei Auslandskrediten einstellt, sind folgende Voraussetzungen unerläßlich: Auslandskredite dürfen nicht der Konsumtion, sondern müssen der Investition dienen, und diese müssen höhere Profite erbringen als die realen Zinsen; weiterhin – und hier liegt die entscheidende Differenz zu Inlandskrediten – müssen die Investitionen direkt oder indirekt der Steigerung der Exporte und/oder der Verringerung der Importe zugute kommen, um die für die Zahlung der Auslandsschulden nötigen Devisen zu verdienen.[174] Diese Devisen muß die Regierung vom Exportsektor kaufen und die dafür nötigen zusätzlichen Geldsummen durch höhere Steuereinnahmen erhalten, nicht durch Haushaltsdefizite, die mittels inflationärer Geldschöpfung gedeckt werden, wie dies in so vielen lateinamerikanischen Ländern geschah.[175] Dabei »hängt die Fähigkeit, einen ausreichend hohen Exportüberschuß zu schaffen, von den Operationen aller Sektoren gemeinsam ab, nicht einfach nur vom Gebrauch des ausländischen Kapitals allein, ... ein durch Auslandskredite finanziertes Projekt muß nicht selbst einen direkten Beitrag zur Handelsbilanz leisten«.[176]

Sind die oben genannten Bedingungen erfüllt, ist es auch möglich, daß ein Entwicklungsland schließlich negative Kapitalflüsse hat, also zu einem »reifen Schuldner« wird, mit anderen Worten mehr Schuldendienst leistet, als es an neuen Krediten erhält, ohne daß dies zu Problemen oder gar Verarmung führt.[177] Auch Auslandskredite zu kommerziellen Bedingungen können mithin die wirtschaftliche Entwicklung eines Landes über das Maß dessen hinaus fördern, was mit einheimischem Kapital (Ersparnissen) finanzierbar ist[178] – das ist theoretisch wie empirisch wiederholt bewiesen worden. Indonesien ist ein armes Entwicklungsland mit hohen Schulden mal über, mal unter der kritischen Grenze zum *severely indebted low income country* –, das die ausländischen Gelder im allgemeinen produktiv investiert hat und trotz hoher Schuldenlasten überdurchschnittliche Zuwachsraten aufweisen kann. Malaysia ist, in Relation zum Bruttoinlandsprodukt, etwa ebenso hoch verschuldet wie Mexiko[179], ohne daß dies seine beeindruckende Entwicklung behindert hätte. Noch überzeugender sind die Beispiele Südkoreas und Taiwans: War Taiwan noch 1981 der neuntgrößte Dritte-Welt-Schuldner, wurde es 1987, nachdem es innerhalb weniger Jahre diese Schulden abbezahlt hatte, zum Netto-Gläubiger-Land. Die Pro-Kopf-Verschuldung Südkoreas war 1981 die höchste aller Entwicklungsländer[180], aber es erlebte keine Schuldenkrise, obgleich das Pro-Kopf-Einkommen damals nicht höher lag als das der großen lateinamerikanischen Schuldnerländer. 1986 hatte das Land eine höhere Relation von Schuldendienst zu Bruttoinlandsprodukt (7,6 Prozent) als Mexiko (7,2 Prozent), Venezuela (6,5 Prozent) oder Brasilien (3,1 Prozent)[181] und ist noch heute erheblich verschuldet[182], ohne daß dies die rasante wirtschaftliche Entwicklung und den zunehmenden Wohlstand seiner Bürger oder pünktliche Schuldendienstzahlungen verhindert hätte. Es gibt also zahlreiche Schuldnerländer der Dritten Welt, »für die der Rückgriff auf Auslandskredite nicht in eine Krise geführt hat... und bei deren wirtschaftlichem Entwicklungsprozeß ausländisches Kapital eine bedeutende Rolle spielt«.[183]

Und die anderen? Die anderen benutzten die Kredite »natürlich zum großen Teil keineswegs zur Finanzierung von Investitionen«, sondern für »Konsumtion und Kapitalflucht«.[184] Im *World Development Report* der Weltbank heißt es dazu: »Die Schuldenkrise beweist die Kosten des Mißbrauchs von Kapitaltransfers.«[185] Für *diese* Entwicklungsländer sind die Schulden(dienstzahlungen) zu einem erheblichen Problem geworden: Sie sind hochverschuldet (*severely indebted*) nach den Kriterien von Weltbank und Internationalem Währungsfonds, wenn die Gesamtschulden mehr als 100 Prozent der Exporteinnahmen ausmachen (beziehungsweise 275 Prozent bei den *middle income countries*)[186] und mehr als 50 Prozent des Bruttoinlandsprodukts, wenn der fällige Schuldendienst 30 Prozent der Exporteinnahmen und die fälligen Zinsen 20 Prozent übersteigen. Sind diese Grenzdaten in mindestens drei Punkten überschritten, wird das Land als SIMIC (*severely indebted middle income country*) oder SILIC (*severely indebted low income country*) klassifiziert. Gegenwärtig fallen 20 Entwicklungsländer unter die Kategorie SIMIC (davon 12 lateinamerikanische und 3 afrikanische) und 26 unter die SILIC-Kategorie (davon 24 afrikanische). Ein Drittel der Schulden der Entwicklungsländer entfällt auf Lateinamerika: 10 Prozent der Gesamtbevölkerung der Entwicklungsländer. Diese 46 »hochverschuldeten« Länder machen weniger als ein Drittel aller Schuldnerländer aus[187] und weitaus weniger als ein Drittel der Bevölkerung der Dritten Welt: Nach Angaben des *World Development Report* beträgt die Bevölkerungszahl der hochverschuldeten Entwicklungsländer 554,3 Millionen, die der Entwicklungsländer niedrigen und mittleren Einkommens insgesamt 4 052,8 Millionen. Und nur etwa die Hälfte der Gesamtschulden der Entwicklungsländer sind Problemschulden.[188]

Die Schulden*krise* als Problem aller Länder und aller Menschen der Dritten Welt und in der Höhe der Gesamtverschuldung aller Schuldnerländer (1990: 1,34 Billionen Dollar laut Weltbank, 1,45 Billionen laut OECD) zu diskutieren, scheint mir unangemessen. Die Daten für die Länder des Debtor Reporting System der Weltbank (der am detailliertesten dokumentierten Gruppe: 107 der 152 Länder, mit einem Schuldenanteil von 90 Prozent) zeigen, daß die Entwicklungsländer insgesamt nicht »hochverschuldet« sind (nur die Zahlen für das Verhältnis Gesamtschulden/Exporteinnahmen liegen weit über der 100-Prozent-Marke); Gesamtschulden/Bruttoinlandsprodukt 43,8 Prozent; Schuldendienst/Exporteinnahmen 21,1 Prozent; Zinsen/Exporteinnahmen 9,8 Prozent; auch für die SIMICs und die SILICs insgesamt liegen 1990 die Zahlen für das Verhältnis Schuldendienst und Zinszahlungen zum Exporteinkommen unter den Grenzwerten.[189]

Bei Ausbruch der Schuldenkrise lagen – im historischen Vergleich – keine außergewöhnlichen Verschuldungszahlen vor;[190] sie entsprachen denen der früheren Entwicklungsländer Kanada, Australien, USA vor etwa 100 Jahren. Brasilien oder Chile sind heute nach dem Kriterium des Pro-Kopf-Einkommens so reich wie die USA um 1920.[191] Die Verschuldung Kanadas betrug Anfang dieses Jahrhunderts im Verhältnis zu den Exporten 8:1, im Fall Brasiliens und Mexikos war das Verhältnis zu Beginn der achtziger Jahre 3:1.[192] Der Verschuldungsgrad für sich genommen hätte also zu Beginn der achtziger Jahre keineswegs zu einer Krise führen müssen, wären da nicht die externen Auslöser gewesen (Weltwirtschaftsrezession, Ansteigen der Zinsraten, Fall der Rohstoffpreise) sowie die folgende abrupte Reduzierung der privaten Kredite. Vor allem aber hatten die *interne* Verwendung der Kredite in den Schuldnerländern und deren Wirtschafts- und Steuerpolitik nicht die Grundlagen für einen problemlosen Schuldendienst geschaffen.

Sowohl vor wie nach der von ihnen ausgelösten Schuldenkrise erhielten die lateinamerikanischen Schuldnerländer den Hauptanteil der privaten Kredite: 1980 betrug der Anteil der Schulden gegenüber privaten Gläubigern 82,3 Prozent, 1989 71,3 Prozent – in beiden Jahren weit über dem Durchschnitt aller anderen Entwicklungsländer. Die Banken nutzten in den siebziger und achtziger Jahren also keineswegs eine Notsituation armer Länder aus, um sie in die *Schuldknechtschaft* zu zwingen: deren Wirtschaften expandierten (3,5 Prozent und mehr pro Jahr), die Exporte boomten, die Rohstoffpreise stiegen bei günstigen Terms of Trade, die Zinssätze waren bis 1978 niedrig, und die fälligen Schuldendienstzahlungen konnten aus neuen Krediten geleistet werden, so daß bis 1983 keine negativen Nettotransfers stattfanden – und auch danach nicht kontinuierlich. Die notorischen Hauptschuldnerländer Argentinien, Brasilien und Mexiko brachten es 1985 zusammen mit Chile und Venezuela auf fast ein Drittel der Gesamtschulden aller Entwicklungsländer. Das Zentrum des Schuldenproblems lag damit bei einigen der reichsten Entwicklungsländer: 1984 betrug das Bruttosozialprodukt pro Kopf in Chile 1700 Dollar, Brasilien 1720, Mexiko 2 040, Argentinien 2 230 und Venezuela 3 410 (Südkorea: 2 110). Man vergleiche diese Zahlen mit den entsprechenden für die VR China: 310 Dollar, Indien 260, Bangladesh 130. Die 36 ärmsten Länder Asiens und Afrikas hatten ein Bruttosozialprodukt pro Kopf von durchschnittlich 260 Dollar.

Aber 1982 erklärte Mexiko, daß es den vertraglichen Schuldendienst nicht mehr leisten könne, und das Fest war zu Ende. Die Schuldenkrise begann. »Die Schuldenkrise 1982 kam ironischerweise am Ende einer Periode, in der die mexikanische Wirtschaft eine außergewöhnliche Chance zu hohem und stabilem Wachstum gehabt hatte. Während der Jahre 1977 bis 1982 waren die Terms of Trade sehr günstig für Mexiko, und das Land war durch die Entdeckung enormen Ölreichtums begünstigt. Die Lopez-

Portillo-Regierung verspielte diese Vorteile leichtfertig durch eine anhaltende und außergewöhnliche Erhöhung öffentlicher Ausgaben ... Die übermäßig schnelle Ansammlung von Auslandsschulden durch die Lopez-Portillo-Regierung hätte der Wirtschaft keine dauernden Schäden zugefügt, wenn die Gelder zur Finanzierung effizienter Investitionen benutzt worden wären. Das war leider nicht der Fall ... zwischen 38 und 53 Prozent der in dem fraglichen Zeitraum angesammelten Schulden dienten der Finanzierung von Kapitalflucht. Ein erheblicher Teil des Rests diente höherer Konsumtion und Investition im öffentlichen Sektor.«[193] Die beiden Autoren bezweifeln, daß eine wesentliche Erweiterung produktiver Kapazitäten stattgefunden hat. Die Kreditaufnahme von 59,7 Milliarden Dollar der Lopez-Portillo-Jahre habe »bemerkenswert wenig« bewirkt.

Im August 1982 legt Silva Herzog, Mexikos Finanzminister, seinem amerikanischen Kollegen Donald Regan die Situation Mexikos dar. Regans Kommentar: »Sie haben da wirklich ein Problem.« Darauf Silva Herzog: »Nein, Mr. Secretary, *wir* haben da ein Problem.«[194] Regan schloß sich dem Argument seines Kollegen an, und es begann die erste von zahlreichen Umschuldungsverhandlungen in den folgenden Jahren. Bei Sampson findet sich die Maxime, die der brasilianische Wirtschaftswissenschaftler Celso Ming 1980 – wohl auch mit einem Auge auf sein eigenes Land – formuliert hatte: »Wenn ich eine Million Dollar Schulden habe, bin ich verloren. Aber wenn ich 50 Milliarden Dollar Schulden habe, sind die Banker verloren.« Mexiko hatte über 80 Milliarden Schulden, und die Regierung der USA kümmerte sich darum, daß die Banker nicht verloren waren, was außerdem eine internationale Finanzkrise hätte auslösen können.

Die Umschuldung im Fall Mexikos wurde dann zum Modell für die meisten Umschuldungen (für etwa 50 Länder bis 1990 in über 120 Fällen gegenüber öffentlichen und in etwa derselben Höhe gegenüber privaten Gläubigern). Zwischen Januar 1980 und September 1988 wurden fast 500 Milliarden Dollar umgeschuldet, etwa die Hälfte der Gesamtschulden. Die neuen Kredite der Banken enthalten ein »Element der Liberalität«, das heißt die Banken gewähren – wie die öffentlichen Kreditgeber – den Entwicklungsländern Kredite zu günstigeren als den Marktbedingungen.[195] Es ist also keineswegs so, daß die Gläubigerbanken der Ersten Welt »gnadenlos« Zins und Zinseszins einfordern könnten – dazu haben sie eben gar keine ausreichend starke Verhandlungsposition. Der Internationale Währungsfonds (IWF) und die Regierungen der Gläubigerländer (»Paris Club«) agieren dabei wie eine Weltzentralbank und zwingen gleichzeitig die privaten Banken, die sich für die Schuldenverhandlungen im »London Club« zusammengefunden haben, zu erneuten Krediten. Wenn sich die Auslandsschulden der Entwicklungsländer von 1982 bis heute fast verdoppelten, so zeigt das unter anderem, daß auch weiterhin private und öffentliche Kredite in stattlicher Höhe aus der Ersten in die Dritte Welt geflossen sind.

Es ist nicht zu leugnen, daß die Banken besser weggekommen sind, als sie es auf Grund ihrer unbedachten Kreditpolitik verdient hätten: einige derbe Kopfnüsse der unsichtbaren Hand wären sicher angebracht gewesen. Die Verluste der Banken wurden 1990 immerhin auf über 100 Milliarden Dollar geschätzt und die Kredite an die

Entwicklungsländer als »der größte Fehler der kommerziellen Banken in der Geschichte«. Die Banken haben vor allem in den siebziger Jahren sehr gut verdient und sind heute nicht mehr in riskanter Weise exponiert. Die Schulden der Entwicklungsländer bei den privaten Banken verwandeln sich zunehmend in »weiche« Schulden gegenüber multilateralen und anderen öffentlichen Gläubigern: eine Art Sozialisierung der privaten Schulden »auf Kosten« der Industrieländer. Susan George schätzt, daß die Steuerzahler der Ersten Welt den Banken 44 bis 50 Milliarden Dollar zur Sicherung ihrer Kredite für die Dritte Welt bereitstellen.[196]

Mit den Begriffen »Ressourcentransfer« oder »negativer Nettotransfer« wird bei der Diskussion der Schuldenkrise vor allem in den Medien ein Sachverhalt als skandalös kritisiert, der zunächst einmal als eher normal zu qualifizieren ist: daß nämlich jemand – oder auch ein Land – seinen bei der Kreditaufnahme eingegangenen vertraglichen Verpflichtungen (Amortisation und Zinsen) nachkommt – zumindest teilweise, denn mehr wird mittlerweile in den meisten Fällen ohnehin nicht erwartet. Den Edlen Seelen freilich ist das nicht geheuer: »Zins und Zinseszins« werden wahlweise »gnadenlos«, »eiskalt« oder »knallhart« von den Banken eingetrieben. Die aus mittelalterlichen Zeiten stammende Ansicht von der Sündhaftigkeit solchen Tuns ist in bäuerlichen und kleinbürgerlichen Kreisen zäh bewahrt worden und spielt heute noch in der populistischen, antisemitischen und Drittwelt-Propaganda eine Rolle.

Lopez Portillo, Präsident Mexikos bis Dezember 1982, der sich mittlerweile nach Rom abgesetzt hat mit, wie aus gut unterrichteten Kreisen verlautet, über einer Milliarde

Dollar[197], hielt kurz nach Ausbruch der Schuldenkrise eine Rede vor dem mexikanischen Parlament – die westlichen Banken und den IWF im Visier: »Die finanzielle Pest richtet weltweit immer größeres Unheil an. Wie im Mittelalter verheert sie ein Land nach dem anderen. Sie wird durch Ratten übertragen, und ihre Konsequenzen sind Arbeitslosigkeit und Armut, industrieller Bankrott und spekulative Bereicherung. Das Heilmittel der Medizinmänner besteht darin, dem Patienten die Nahrung zu entziehen und ihn zur Ruhe zu zwingen. Wer protestiert, wird verstoßen, und wer überlebt, bezeugt seinen Wert vor den Doktoren eines obsoleten und blinden hegemonialen Egoismus.«[198] Hoffen wir, daß Portillo nun in Rom ist, um Buße zu tun – wg. spekulativer Bereicherung und Egoismus. Sein Nachfolger, Miguel de la Madrid, versprach sofort bei seinem Antsantritt »moralische Erneuerung« und forderte die Nation auf, den »Gürtel enger zu schnallen«. Kaum war das gesagt, wurde in den USA enthüllt, daß er allein im Jahre 1983 mindestens 162 Millionen Dollar auf sein Schweizer Bankkonto transferiert hatte (die *New York Times* bestätigte die Geschichte später).[199] – In Mexiko wie in vielen anderen Entwicklungsländern benutzen die korrupten Eliten die von ihnen mitverschuldete Armut, um auf die Erste Welt einzuteufeln, sie für alles Elend verantwortlich zu machen und moralisch einzuschüchtern.

Die Entwicklungsländer insgesamt haben in den siebziger Jahren und bis 1982 keinen negativen Nettotransfer gehabt, das heißt die neuen Kredite waren immer höher als die Zahlungen für den Schuldendienst. 1982 oder 1983 oder 1984 (je nach Autor) beginnen die (Netto-)Kapitaltransfers von den Industrie- in die Entwicklungsländer sich umzukehren, die Entwicklungsländer überweisen nun mehr Kapital in die Industrieländer, als sie von dort erhalten, wobei die Zahlenangaben schwanken zwischen 50, 40, 30 Milliarden im Jahr und weniger. 1989 war, nach einigen Autoren, das Jahr mit dem höchsten negativen Nettotransfer von 51 Milliarden; davon waren aber nur 32 von hochverschuldeten Ländern, die restlichen 9 und 10 von mäßig verschuldeten beziehungsweise Ländern ohne Problemschulden. Zur Beurteilung dieser negativen Nettotransfers ist es sinnvoll, die rein schuldenbezogenen Kapitalflüsse zwischen Industrieländern und Entwicklungsländern von den Gesamtkapitalflüssen (also inklusive Entwicklungshilfe, ausländische Investitionen usw.) zu unterscheiden; denn es ist häufig der Fall, daß ein Land zwar einen schuldenbezogenen negativen *Nettotransfer* aufweist, insgesamt aber einen positiven *Nettoressourcentransfer*.[200]

In dem Jahrzehnt 1980 bis 1990 leisteten die Schuldnerländer der Dritten Welt Schuldendienstzahlungen für ihre langfristigen Kredite (das heißt mit einer Laufzeit von über einem Jahr) von über 1,0 Billionen, und zugleich stieg die langfristige Schuldenlast auf zirka 1,0 Billionen durch sich anhäufende Rückstände beim Schuldendienst und da ein großer Teil der Rückzahlungen über neue Kredite vorgenommen wurde, das heißt über »Papier-›Umschuldungen‹, bei denen sich die Gläubiger im Grunde kurzfristig selber bezahlen und die Schuldenlast weiter ansteigt«.[201] Von 1970 bis 1989 wuchsen die Auslandsschulden der Entwicklungsländer von 68,4 Milliarden auf 1283,0 Milliarden, eine Zunahme um 1846 Prozent; die Schuldendienstzahlungen stiegen von 11 Milliarden auf 159 Milliarden (1400 Prozent).[202] Todaro erstellt nach

Weltbank-Angaben folgende Tabelle der Nettotransfers (bei langfristigen Krediten, in Klammern die Schuldendienstzahungen/brutto):[203]

1981: + 35,2 Milliarden (89,1)
1982: + 17,8 Milliarden (98,7)
1983: + 7,1 Milliarden (92,1)
1984: – 7,3 Milliarden (99,7)
1985: – 20,8 Milliarden (109,5)
1986: – 30,7 Milliarden (116,4)
1987: – 29,0 Milliarden (119,0).

Nur die (Brutto-)Schuldendienstzahlungen der Entwicklungsländer anzuführen, bedeutet also eine Übertreibung der realen Belastung der Schuldnerländer. Der *Human Development Report* 1992 gibt folgende Zahlen für die Nettotransfers (langfristige Kredite) von 1972 bis 1990: für die 11 Jahre von 1972 bis 1982 ergibt sich ein jährlicher durchschnittlicher Nettotransfer von 21,0 Milliarden, also etwa 230 Milliarden; für die 8 Jahre von 1983 bis 1990 ein negativer Nettotransfer von jährlich –21,5 Milliarden, also etwa –170 Milliarden. Ein Überblick über die letzten 20 Jahre ergibt also hier keine Kapitalflüsse, die den Wohlstand der Industrieländer begründen helfen könnten.[204]

Betrachtet man die Nettoressourcentransfers, zeigt sich eine weitere Verringerung der aktuellen Belastung.[205] Für die 107 Länder des Debtor Reporting System, also zirka 90 Prozent der Schulden, betragen sie 1984 (das erste Jahr mit negativem Transfer) –0,9 Milliarden, 1985: –7,4, 1986: –9,9, 1987: –16,7, 1988: –9,4, 1989: –1,0; der Nettoressourcentransfer in Prozent des Bruttoinlandsprodukts beträgt dabei durchschnittlich 0,37 Prozent im Jahr.[206] Todaro gibt ein Sinken der Pro-Kopf-Konsumtion für die 17 höchstverschuldeten Länder für die Jahre 1980 bis 1987 von 1,6 Prozent an.[207] Differenziert man nach Regionen, zeigt sich jedoch, daß der negative Ressourcentransfer nicht in den ärmsten Regionen der Dritten Welt (Subsahara-Afrika und Südasien) stattfand, sondern vor allem in Lateinamerika und Europa/Mittelmeerraum; im Fall Lateinamerikas findet mittlerweile wieder ein positiver Nettoressourcentransfer statt. Für alle fünf Regionen ergibt sich für den Zeitraum 1980 bis 1989, nimmt man die bei Sangmeister[208] angeführten Zahlen als Durchschnittszahlen, ein Nettoressourcentransfer von Null – negative Transfers in einigen Regionen wurden durch positive in anderen Regionen ausgeglichen. Anderen Berechnungen zufolge hat sich der Ressourcentransfer von Nord nach Süd in den achtziger Jahren zwar verschlechtert, es fanden jedoch keine globalen *negativen* Ressourcentransfers statt: »Während im Jahresdurchschnitt 1980 bis 1984 noch 32,7 Milliarden US-Dollar netto transferiert wurden, hatte sich im Zeitraum 1985 bis 1989 der entsprechende Betrag auf 9,7 Milliarden US-Dollar jährlich verschlechtert«. Auch der Bericht zur Vierten UN-Entwicklungsdekade (1990) beklagt »rückläufige«, nicht negative »Ressourcenströme«.[209]

Die Wachstumsraten des Bruttoinlandsprodukts betragen im selben Zeitraum (1980 bis 1989) für die Entwicklungsländer insgesamt 4,4 Prozent im Jahresdurchschnitt, für Afrika (Subsahara) jedoch nur ein Prozent und Lateinamerika 1,6 Prozent; die Pro-Kopf-Zahlen sind für diese Regionen negativ: –2,2 und –0,6 Prozent (Entwicklungsländer insgesamt: 2,3 Prozent).[210] Dafür ist die Schuldenkrise vermutlich mitverantwortlich – einen hinreichenden Grund für die desolate wirtschaftliche

Lage so vieler Entwicklungsländer bietet sie nicht. »... die wirklichen Gründe für Armut und Entbehrung liegen tief in der nationalen Politik der Entwicklungsländer. Verbesserungen der äußeren Bedingungen können von großer Hilfe sein, aber sie können Reformen im Innern nicht ersetzen«, heißt es im *Human Development Report.*[211]

Wer den negativen Nettotransfer beklagt, vergißt meist zu fragen, was eigentlich aus den Hunderten von Milliarden Dollar geworden ist, die vorher als positiver Transfer in die Entwicklungsländer geflossen sind. Ein »grotesker Tatbestand« ist für Hans J. Petersen der negative Transfer angesichts der »entwicklungspolitischen Grundforderung, den wirtschaftlichen Fortschritt der Dritten Welt ... nachhaltig durch kräftige Finanzhilfen zu unterstützen«.[212] Daß diese kräftigen Finanzhilfen 10 Jahre lang gewährt worden waren, ohne daß es *dadurch* zu nennenswerten wirtschaftlichen Fortschritten in den meisten hochverschuldeten Ländern gekommen ist, macht Petersen nicht irre – Grundforderung ist Grundforderung. Findet also eine Ausplünderung der Dritten Welt durch die negativen Nettotransfers statt? Solange die Tatsache, daß die Erste Welt insgesamt mehr gegeben hat und gibt, als sie zurückbekommt, keine Ausplünderung darstellt und Zinszahlungen ebenfalls nicht, kann man die Frage negativ beantworten. »Ausplünderung« charakterisiert den Sachverhalt etwa ebenso erhellend wie die Feststellung, daß Eigentum Diebstahl ist. Und die Annahme, Entwicklungsländer hätten so viele Schulden, weil sie so arm sind, ist ebenso unzureichend wie die, Entwicklungsländer seien so arm, weil sie ihre Schulden bezahlen müssen.

Interessant bleibt aber weiterhin die Frage, was eigentlich aus all dem Geld geworden ist, das nun als Schuldenlast von 1,3 Billionen auf die Entwicklungsländer drückt. Ich beschränke mich dabei wieder auf die lateinamerikanischen Länder. Als Hauptgrund der Verschuldung sieht Rudiger Dornbusch »die außergewöhnlich miserable makroökonomische Politik in praktisch jedem lateinamerikanischen Land«.[213] Zu nennen wären etwa die chronischen und hohen Haushaltsdefizite, eine überbewertete Währung, eine export- und vor allem landwirtschaftsfeindliche Wirtschaftspolitik, steigende Inflations- und fallende Sparraten. Die hohen Haushaltsdefizite verweisen auf eines der zentralen Problem der fraglichen Länder: ihre verfehlte oder gar nicht erst existierende Steuerpolitik. Die Regierungen konnten oder wollten die wirtschaftlichen Eliten nicht besteuern; oft verhinderten mächtige Gruppen mit hohen Einkommen und Reichtum die notwendigen Steuervorlagen oder -reformen. »Man fragt sich, warum die Regierungen eigentlich alles können außer Steuerreformen.«[214] Die Haltung linker wie rechter bolivianischer Regierungen fassen Morales und Sachs so zusammen: »let the foreigners pay!« So finanzierte ein Großteil der Schulden eine aufgeblähte und nicht sehr effiziente Bürokratie sowie den öffentlichen Sektor insgesamt, wobei die Staatsbetriebe besonders negativ zu Buche schlugen. Soweit die Gelder überhaupt produktiv investiert wurden, gingen sie oft in große Prestigeobjekte, die zudem die beste und bequemste Gelegenheit zur Selbstbedienung für die einheimischen Kleptokraten boten.

Die Ausweitung des *staatlichen* Bereichs in den siebziger Jahren – bei ineffizienter Verwaltung und machtloser

Justiz – erfolgte eben in der Verfolgung *privater* Interessen des kleptokratischen Patronagesystems der betreffenden Länder, egal ob unter einer Militärjunta oder einer demokratischen Regierung.[215] Das zeigt auch die Übernahme der privaten Auslandsschulden durch den Staat ab 1982: In einem Land nach dem anderen übernahmen die Regierungen die privaten Schulden oder erleichterten den privaten Firmen die Schuldenzahlungen. »Diese ›Sozialisierung‹ der privaten Schulden führte zu einem erheblichen Anwachsen der öffentlichen Auslandsschulden des jeweiligen Landes.« (In Argentinien betrug 1980 der Anteil des öffentlichen Sektors an den Auslandsschulden etwa 50 Prozent, 1985 aber 82 Prozent.)[216]

Zum Problem der *Kapitalflucht* gibt es unter den Fachleuten keine vollständige Einigkeit hinsichtlich der sie bedingenden Faktoren, ihrer Mechanismen und Bewertung, Einigkeit aber besteht darin, daß ein großer Teil der eingeflossenen privaten und öffentlichen Kredite Kapitalflucht finanzierte, das heißt wieder im Ausland landete, sei es in der Form von privaten wie staatlichen Bankguthaben, sei es in Immobilien oder Anteilen an westlichen Unternehmen. 1981, ein Jahr vor Ausbruch der Krise, erhielt Mexiko 20 Milliarden Dollar von den Banken – fast die Hälfte davon verschwand noch im selben Jahr im Ausland. Einige Wochen bevor das Land dann seine Zahlungsunfähigkeit erklärte, organisierte Silva Herzog einen Notkredit von 900 Millionen – er verschwand innerhalb einer Woche qua Kapitalflucht. Sachs spricht von einer »enormen Kapitalflucht« in den Jahren 1980/81: Im Verhältnis zur Neuverschuldung gingen in Argentinien 84 Prozent nach außen, in Mexiko 44, in Venezuela 167 Prozent. 1987 erklärte Peru sich außerstande, einige Millionen Dollar Schuldendienst zu leisten: die Regierung verfügte zur gleichen Zeit im Ausland über Reserven von etwa 1,5 Milliarden Dollar. Die lateinamerikanischen Guthaben allein in den USA wurden in den achtziger Jahren auf etwa 300 Milliarden Dollar geschätzt, das heißt exklusive derjenigen auf den Cayman-Inseln, in der Schweiz, Luxemburg ... Die Auslandsguthaben jedweder Form der lateinamerikanischen Länder dürften ihre Auslandsschulden erheblich übertreffen.

Als sei das Problem in seinen realen Dimensionen nicht schon schlimm genug, wird es oft von berufsmäßigen Wachrüttlern und unbequemen Mahnern übertrieben dargestellt. So berichtet der *Spiegel*[217] in einem Artikel zum Umweltgipfel Rio de Janeiro: »Jahr für Jahr strömt inzwischen dreimal soviel Geld von Süd nach Nord, wie in umgekehrter Richtung als Entwicklungshilfe gezahlt wird«. Eine Graphik gibt für 1981 bis 1990 die durchschnittliche Entwicklungshilfe mit 55 Milliarden an und stellt ihr »Schuldendienst/Gewinntransfer transnationaler Konzerne/Kapitalflucht« in Höhe von 175 Milliarden gegenüber. Dadurch muß (und soll wohl auch) der Eindruck entstehen, es flössen jährlich zirka 120 Milliarden netto aus den Entwicklungsländern in die Industrieländer. Aber dem Schuldendienst sind die Neukredite gegenüberzustellen – jährlich zwischen 70 und 90 Prozent des Schuldendienstes[218] –, den Gewinntransfers die Investitionen, die in der zweiten Hälfte der Achtziger erheblich höher sind, und im Fall der Kapitalflucht ist zu berücksichtigen, daß diese Gelder ja keine Geschenke an die Industrieländer sind, sondern weiter einen Anspruch der Entwicklungsländer an die Industrieländer darstellen – die jährlichen Gewinne zum Beispiel der Mexikaner auf ihre US-Guthaben machen etwa drei Viertel ihrer Zinsen für die Auslandsschulden aus.[219]

In einem *Zeit*-Dossier[220] von Christian Wernicke zum Thema wird auf Seite 15 kritisiert, »daß die armen Länder pro Jahr mittlerweile knapp fünfzig Milliarden Dollar mehr an den reichen Norden überweisen, als sie an neuen Krediten und Entwicklungshilfe erhalten« – auf Seite 16 finden sich dann zwei Tabellen zu den Problemschuldenländern (SIMICs und SILICs), woraus hervorgeht, daß deren Nettozahlungen zusammen 1985: –13,6 Milliarden, 1989: –9,8 Milliarden und 1990: +2,6 Milliarden betragen haben (die armen Länder niedrigen Einkommens hatten durchweg positive Nettozahlungen in den angegebenen Jahren). Und nach der Präsentierung der Theorien Hafez Sabets, wonach der Norden dem Süden 50 000 Milliarden schulde, hat sich der Autor derart warmgeschrieben, daß nun die »jährlichen Süd-Verluste« bei »500 Milliarden« liegen.[221] Bis Ende 1987 hatten 9 lateinamerikanische und 3 afrikanische Länder ihre Zinszahlungen ganz oder teilweise eingestellt.[222] 1989 konstatiert Susan George, daß Lateinamerika nur zirka 50 Prozent seiner vertraglichen Schuldendienstverpflichtungen erfülle: der Forderung der UNCTAD nach 30 Prozent Schuldenerlaß nachzukommen, würde tatsächlich eine Verschlechterung der Situation für die Schuldnerländer bedeuten. Die armen hochverschuldeten Länder (*severely indebted low income countries*) erfüllten bislang weniger als die Hälfte ihrer Verpflichtungen – das gilt auch für den gesamten afrikanischen Kontinent.[223] Das ist sicher noch zuviel angesichts der wirtschaftlichen Situation der meisten Länder, aber doch andererseits nicht gerade ein Fest für die Gläubiger.

Der Zusammenhang zwischen Schuldenlast und Verarmung ist keineswegs so eindeutig oder notwendig, wie oft behauptet wird. In den meisten Fällen wird keine kausale Beziehung der beiden Seiten nachgewiesen, sondern ein Appell (*post hoc ergo propter hoc*) an den gesunden Menschenverstand gerichtet. So fielen etwa 1976/77 in Argentinien die Reallöhne in der Industrie um 50 Prozent, die Nahrungsmittelpreise stiegen, Sozialhilfeleistungen wurden abgebaut und 10 Prozent der Industriearbeiter entlassen. In diesen Jahren konnte von einer Schuldenkrise keine Rede sein, und die Nettotransfers waren positiv. 1983 dagegen, nach dem Ausbruch der Schuldenkrise, stiegen die Reallöhne in Argentinien um fast 25 Prozent und stiegen 1984 weiter. In beiden Fällen erklären die gleichzeitigen Auslandskredite oder die Verschuldung wenig bis gar nichts.

Für die asiatische Region, die 1991 Lateinamerika als Hauptschuldner ablöste (die Zahl der hochverschuldeten Problemländer ist jedoch niedrig) und wo die Armut im letzten Jahrzehnt zunahm (64 Prozent der »absolut Armen« leben in Asien), läßt sich keine eindeutige Relation von Verschuldung und Armut herstellen: In China nahmen die Schulden rapide zu und die Armut ab; auf den Philippinen war die Schuldensituation unverändert, die Armut nahm zu, in Malaysia und Indonesien nahm sie ab; in Indien, das sich in den Achtzigern erheblich verschuldete (vor allem für Militärausgaben), wuchs das Bruttosozialprodukt erheblich, die Durchschnittslöhne aber fielen, und die Zahl der Armen stieg. Daß die berüchtigten Anpassungsprogramme nicht zu größerer Verarmung führen müssen – und daß die Kosten verzögerter oder unterlassener Anpassung höher sein können als die solcher Programme –, zeigt die Untersuchung von Bourguignon und Morris.[224] In Lateinamerika würde bereits eine höhere Besteuerung um 2 Prozent des reichsten Fünftels der Bevölkerung ausreichende Mittel für den Kampf gegen die Armut bereitstellen.[225]

Lateinamerika hat 21 Dollarmilliardäre, Mexiko 8 (Frankreich 9), Brasilien 5 (soviel wie Großbritannien), Chile und Kolumbien je 3 (wie Schweden).[226] Brasilien, ein Entwicklungsland mit dem zehntgrößten Bruttoinlandsprodukt der Welt, das sich Wernicke als Beispiel für Verarmung durch Schulden ausgesucht hat, weist für die achtziger Jahre ein durchschnittliches positives Wachstum von etwa 3 Prozent auf (Pro-Kopf-Rate etwa ein Prozent; 1988 sparte Brasilien 28 Prozent seines Einkommens).[227] Eine weitere Verelendung großer Teile der Bevölkerung hat das nicht verhindert: Brasilien ist das Entwicklungsland mit der maximalen Einkommensungleichheit. Auch in den Boomjahren des brasilianischen Wirtschaftswunders 1960-80 hatten die Zahl der Armen und die Armut stetig zugenommen. Als eindringlichstes Beispiel für die schuldenbedingte Armut stellt Wernicke den »Zwergenmenschen« vor: »Schon kreiert die Armut ihre eigene Rasse.« Ein Foto zeigt einen mindestens 20 Jahre alten Mann, der also schon vor der Schuldenkrise und den negativen Nettotransfers diese (in der Kindheit erfolgende) Wachstumsverkümmerung erlitten hat – so wie etwa 20 Prozent der Brasilianer zwischen 20 und 25 Jahren. Verkümmertes Wachstum ist eine mögliche Folge von andauernder Mangelernährung in der Kindheit,[228] seit es Menschen gibt, Mangel und ungerechte Verteilung des gesellschaftlichen Reichtums. Die Schuldenkrise gibt es erst seit 1982.

»Militärische Konflikte, nicht Armut oder unzureichende Agrarproduktion, waren der bei weitem wichtigste Grund in den letzten Jahren für Hungersnöte in den Entwicklungsländern.« Von den Ernährungsnotstandsgebieten Afrikas sind fast die Hälfte von kriegerischen Auseinandersetzungen heimgesucht: Angola, Liberia, Moçambique, Somalia, der Sudan ...[229] Wozu noch folgendes anzumerken ist: »Empirische Untersuchungen zeigten, daß der Ost-West-Gegensatz im Kriegsgeschehen der Dritten Welt kein vorrangiger Faktor gewesen ist ... Das populäre Bild der ›Stellvertreterkriege‹ entsprach nicht der Realität der meisten Kriege in der Dritten Welt.«[230]

Trotz der ungünstigen Weltwirtschaftslage hat sich die Situation in Lateinamerika 1990 bis 1992 stetig verbessert; bereits 1990 floß wieder mehr Kapital (16,4 Milliarden) in die Region als heraus.[231] »Lateinamerika hat die Depression überwunden«, erklärte Anfang 1992 die für Lateinamerika zuständige UNO-Regionalkommission CEPAL. Das Wirtschaftswachstum beträgt 3 Prozent, der Nettokapitalfluß ist weiterhin positiv.[232] Im November 1992 erklärte die Bank for International Settlements, daß die lateinamerikanischen Länder wieder kreditwürdig seien und stellte eine positive makroökonomische Entwicklung fest; die Zinsraten seien gesunken, was die Schuldenlast vermindere (dazu hatten auch die Dollar-Abwertung 1985 und der Fall des Dollars nach dem Crash vom Oktober 1987 beitragen); die deutliche wirtschaftliche Expansion führte auch zu einem Wachstum des Pro-Kopf-Einkommens.[233]

Chiles Schulden waren Ende 1992 auf 16 Milliarden gefallen (und das Land war damit nicht länger als »hochverschuldet« klassifiziert), ohne daß die Kosten der

Anpassung – wie sonst üblich – ausschließlich den unteren Schichten aufgebürdet wurden. Die Wirtschaft wächst stetig; die ausländischen Investitionen beliefen sich in den letzten beiden Jahren auf jeweils über eine Milliarde.[234]

Venezuela verzeichnete 1991 das höchste Wachstum seit 1964: 9,2 Prozent; die Arbeitslosigkeit sank unter 9 Prozent, das Pro-Kopf-Einkommen liegt bei 3 200 Dollar – bei fortdauernder Armut vieler und enormer Ungleichheit.[235]

Nach dem mexikanischen »Wirtschaftswunder« der letzten drei Jahre (mit Wachstumsraten von 3,8 Prozent)[236] ist nun auch allerorten von einem argentinischen Wunder die Rede. »Radikale Wirtschaftsreformen sorgen für einen Boom ohne Beispiel in Südamerika«, schreibt der *Spiegel*;[237] die Inflation ist auf ein Prozent gesunken, die Arbeitslosigkeit liegt bei 5,3 Prozent; aus einem Haushaltsdefizit von 8 Milliarden wurde ein Plus von 800 Millionen; das Wachstum betrug 1991 4,5 Prozent und wird für 1992 auf 5 bis 6 Prozent geschätzt. In einem Schuldenabkommen mit einer Gruppe privater Banken wurden 8,05 Milliarden (von insgesamt 62 Milliarden) erlassen.[238] Anfang Dezember 1992 dann kam es zu einem umfassenden Abkommen mit den Privatbanken. Argentinien hatte seit Ausbruch der Schuldenkrise nur sporadisch seine kommerziellen Auslandsschulden bedient. 28 Milliarden Dollar wurden umgeschuldet; das Abkommen erläßt dem Land 35 Prozent der Schuldensumme und ebensoviel an Zinsen über die nächsten 30 Jahre. Ähnliche Abkommen – nach dem Brady-Plan – waren mit Brasilien, Mexiko, Venezuela und Costa Rica geschlossen worden.[239] Ende Februar 1993 erklärten dann Argentinien und der Vorsitzende des Bank Advisory Committee für Argentinien (13 Banken, die Hunderte von Gläubigerbanken in der ganzen Welt vertreten) das »Ende der Schuldenkrise Argentiniens« und die »völlige Wiederherstellung normaler Beziehungen mit der internationalen Finanzwelt«. 20 Milliarden der 23 Milliarden mittel- und langfristiger Schulden bei den privaten Banken werden durch Obligationen abgelöst.[240]

Nach dem Schuldenabkommen vom März 1990, das den jährlichen Schuldendienst Mexikos um 4 Milliarden im Jahr reduzieren sollte, erklärte Präsident Salinas im Juni 1992, daß die Auslandsschulden um 7,2 Milliarden reduziert wurden, das heißt um 8,9 Prozent auf 73,6 Milliarden. Mexikos Schulden werden von 74 Prozent des Bruttoinlandsprodukts (Dezember 1988) auf geschätzte 29 Prozent Ende 1992 fallen. In den 4 Jahren der Präsidentschaft Salinas' zog Mexiko 24,9 Milliarden Dollar ausländische Investitionen ins Land, allein 1991 7,6 Milliarden, davon 3 Milliarden aus Fluchtkapital. Der Staatshaushalt ist ausgeglichen, und das jährliche Wachstum beträgt gegenwärtig 3,0 Prozent, aber die Arbeitslosigkeit ist hoch und die Einkommensungleichheit weiterhin groß: 15 Prozent der Bevölkerung verfügen über 70 Prozent des gesellschaftlichen Reichtums.[241]

1988 hatte Brasilien, nach mehreren Schuldenmoratorien, ein erstes Abkommen geschlossen, das nach Huhne »relativ großzügig« war; Anfang 1992 erhielt das Land einen IWF-Kredit von 2,1 Milliarden Dollar, was den Weg freimachte für ein Abkommen mit den offiziellen Gläubigern des Paris Club (Februar 1992). Im Juli dieses Jahres einigte sich Brasilien – mit 115 Milliarden Dollar der größte Schuldner der Dritten Welt – mit 19 Banken, die

300 private Gläubiger repräsentierten. 35 Prozent der Schulden wurden erlassen und die Zinssätze auf bis zu 30 Jahre festgelegt. »Kein anderes Land hat so günstige Bedingungen erhalten wie wir«, erklärte Präsident Collor de Mello.[242]

Ende 1992 erließ die US-Regierung 465 Millionen der in 15 Jahren akkumulierten 614,8 Millionen Dollar Schulden El Salvadors; geringere Summen wurden gleichzeitig Kolumbien, Chile und Uruguay erlassen.[243]

»Die lateinamerikanische Schuldenkrise ist keine Krise mehr«, erklärte Paul Volcker, ehemaliger Chef der US-Zentralbank. Die vorsichtigere Einschätzung der OECD in ihrem jährlichen Schuldenbericht (1992), »die Krise hat nachgelassen«, dürfte wohl zutreffender sein.[244]

Die trotz widriger externer Bedingungen und Schuldenlast positive wirtschaftliche Entwicklung der letzten Jahre in Lateinamerika zeigt, daß für deren Ausbleiben in erster Linie die Politik dieser Entwicklungsländer selbst verantwortlich zu machen ist, nicht die Industrieländer oder die Schuldenkrise.

Während also im Fall der *severely indebted middle income countries* eine deutliche Verbesserung festzustellen ist, hat sich die Situation der *severely indebted low income countries* eher noch verschlechtert. (Den meisten der ärmsten 42 Länder der sogenannten Vierten Welt, den *least developed countries*, wurden jedoch die Schulden »ganz oder teilweise erlassen«.)[245] Eine zukunftsweisende Entschuldung hat die Debt Reduction Facility der Weltbank zugunsten Nigers und Moçambiques durchgeführt: Die beiden Länder konnten ihre Schulden zu 18 beziehungsweise 10 Prozent des Nominalwerts kaufen, wobei etliche europäische Länder diesen Rückkauf finanziell unterstützten. Die für die SILICs konzipierten Toronto-Terms wurden bislang kaum angewandt, knapp 10 Prozent der dafür in Frage kommenden Schulden von 64 Milliarden wurden erlassen. Ein Grund für den mangelnden Erfolg dieses Programms mag auch darin liegen, daß der gegenwärtig real geleistete Schuldendienst weit unter den Toronto-Terms liegt, diese also für die Schuldner von geringer Anziehungskraft sind.[246] Die ärmsten Länder, zumal Afrikas, werden jedoch ab Mitte 1993 über drei Jahre IDA-Kredite der Weltbank erhalten (Laufzeit 40 Jahre, ein Prozent Zinsen pro Jahr). Diese Summe ist der Weltbank von 34 Geberländern, vor allem von den reichen Ländern, aber auch anderen wie Südkorea und Mexiko, im Dezember 1992 zur Verfügung gestellt worden.[247]

Wie oben bereits erwähnt, sind und waren die Nettoressourcentransfers in diese Länder insgesamt positiv. Am Elend Afrikas mögen sich viele bereichern – die Industrieländer insgesamt tun das nicht.

Kriege wird niemand als wohlstandsfördernde Maßnahmen empfehlen, auch wenn es viele Kriegsgewinnler gibt. Die Schuldenkrise kennt viele Kriegsgewinnler – auf beiden Seiten.[248] Daß, wie Fischer schreibt,[249] der Großteil der Last – neben den Steuerzahlern der Gläubigerländer und den Aktionären der Banken – von den Lohnempfängern der Schuldnerländer getragen wurde, nicht von denjenigen, die sich an den Auslandskrediten bereichert haben, ist in der Tat empörend – die Schuld der Gläubigerländer ist das nicht. Und beide Seiten haben dabei, gesamtwirtschaftlich gesehen, verloren. Die Schuldenkrise hat die deflationäre Tendenz der Weltwirtschaft verstärkt, die verschuldeten Länder der Dritten Welt haben einen höheren Anteil an den Kriegskosten entrichtet, schreiben Lever und Huhne, »aber niemand hat dadurch gewonnen«, beide Seiten sind, wenn auch in sehr unterschiedlichem Maße, ärmer geworden: »fast jeder Teilnehmer an diesem traurigen Melodram des internationalen Finanzsystems verliert dadurch«.[250] Auch George, eine der schärfsten Kritikerinnen der Industrieländer, kommt 1989 zu dem Schluß, daß »im Grunde genommen jeder, im Norden wie im Süden, durch die gegenwärtigen Strategien des Schuldenmanagements verliert«.[251] In den Worten Huhnes, 1990: »es ist nicht ersichtlich, wer eigentlich wirklich von der sich hinziehenden Abwicklung der Schuldenkrise profitiert.«[252]

In dieser Hinsicht gleicht die gegenwärtige internationale Schuldenkrise früheren: in dem Paradox, daß die Rückzahlung von Auslandskrediten auch die Gläubiger ärmer macht. Während bei innerstaatlichen Krediten – und in der Regel auch bei Auslandskrediten – die Schuldendienstzahlungen ohne Zweifel dem Gläubiger nützen, ist das bei einer internationalen Schuldenkrise nicht notwendig so: Die für die Schuldenzahlungen in Devisen nötigen immer größeren Handelsüberschüsse (weniger Importe, mehr Exporte) der Schuldnerländer können letztlich nur durch Handelsdefizite (mehr Importe, weniger Exporte) der Gläubigerländer erlangt werden.[253] Der Handel zwischen den betreffenden Ländern kann dann tatsächlich zu einem Nullsummenspiel werden.[254] Das geht oft mit Überproduktion und Preisverfall einher, was nicht nur den Schuldner-, sondern auch den Gläubigerländern schaden kann (so in den achtziger Jahren im Agrarbereich, aber auch im Industriesektor, zum Beispiel bei Stahl). In den USA – und auf die USA und deren Handel mit den großen lateinamerikanischen Schuldnerländern trifft das Gesagte in erster Linie zu – sollen so schon bis 1983 Hunderttausende, in den späten achtziger Jahren 500 000 Arbeitsplätze verlorengegangen sein, nach Berechnungen der UNCTAD bis Ende 1984 2 bis 3 Millionen in den Industrieländern insgesamt.[255] Diesen Mechanismus hatte Keynes schon für die Kriegsreparationen aufgezeigt: Sie machten die Sieger ärmer.[256]

Brasilien ist der größte Schuldner unter den Ländern der Dritten Welt: 118 Milliarden Dollar (Februar 1992). 60 Prozent der Bevölkerung von 150 Millionen, also etwa 90 Millionen Menschen leben, nach den Kriterien der UNO, unter der Armutsgrenze; die Regierung bezeichnet 70 Prozent als »arm«. 5 Millionen Kinder sind mangelhaft ernährt, 5 Millionen – nach anderen Angaben 7 Millionen – Kinder leben auf der Straße. Die Zahl der Analphabeten beträgt 20 Millionen – es gibt viel zuwenig Lehrer (und Ärzte). 20 Prozent der Brasilianer zwischen 20 und 25 Jahren sollen zwergwüchsig sein – die Weltgesundheitsorganisation (WHO) reiht eine Million brasilianischer Kinder in diese Kategorie ein. Brasilianische Ärzte erklärten im März 1992, daß die Bevölkerung zu den am schlimmsten an Krankheiten leidenden der Dritten Welt gehöre: eine Million Malariafälle, 8 Millionen leiden an der Chagas-Krankheit. Alle 30 Minuten erkrankt ein Mensch an Tuberkulose, 400 000 Leprakranke, 10 Millionen leiden an schweren Darmerkrankungen.[257]

Verbietet es sich angesichts solcher Zahlen nicht, von Schuldenrückzahlung auch nur zu reden? Aber die Milliarden, die in das Land geflossen sind, haben das Elend der Armen nicht vermindert – es besteht nicht der geringste Grund zu der Annahme, daß die nicht zurückgezahlten Schulden diesem Zwecke dienen würden.

Brasilien ist eines der reichsten Länder der Dritten Welt, seine wirtschaftliche Entwicklung in der zweiten Hälfte dieses Jahrhunderts ist beeindruckend. Die jährlichen Wachstumsraten des Bruttoinlandsprodukts betrugen 1965 bis 1989 durchschnittlich 6,8 Prozent, das Exportwachstum im gleichen Zeitraum 7,0 Prozent; für den Zeitraum zwischen 1980 und 1992 werden durchschnittliche jährliche Wachstumsraten zwischen 3 und 7 Prozent angegeben, die Industrieproduktion stieg um 7,9, die Exporte um 6,8 Prozent. Das sind Zahlen, die kaum geringer, zeitweise sogar höher sind als die der asiatischen NICs. 1980 wurde Brasilien die zehntgrößte Wirtschaftsmacht der Welt und ist heute das achtgrößte Industrieland.[258] Das Bruttosozialprodukt betrug 1987 326 Milliarden Dollar, 2 305 Dollar pro Kopf; zum Vergleich: Indiens Bruttosozialprodukt betrug im selben Jahr 224 Milliarden Dollar, 284 Dollar pro Kopf, Indonesien 70 Milliarden Dollar – 409 Dollar pro Kopf.[259]

Brasilien ist ein extremes Beispiel für Wachstum mit zunehmender Verarmung. Das Einkommen ist sowohl regional wie sozial sehr ungleich verteilt, Brasilien wird generell als das Land mit der höchsten Einkommensungleichheit der Welt angeführt.[260] Schon in den sechziger, den »Wirtschaftswunder«-Jahren verringerte sich der Anteil der ärmsten 40 Prozent der Bevölkerung am Nationaleinkommen von 10 auf 8 Prozent (1970), der Anteil der reichsten 5 Prozent wuchs von 29 auf 38 Prozent.[261] Heute ist das Jahreseinkommen des reichsten Fünftels der Bevölkerung mit durchschnittlich 6 761 Dollar sechsundzwanzigmal so hoch wie das des ärmsten Fünftels (26:1);

in den USA ist das Verhältnis 9:1, in der Bundesrepublik 6:1. Obwohl Brasilien 1985 ein zehnmal so hohes Pro-Kopf-Bruttosozialprodukt hatte wie Burma, war die Kindersterblichkeitsrate (unter 5 Jahren) in beiden Ländern gleich. Die Lebenserwartung im Nordosten Brasiliens ist so hoch wie in Äthiopien.[262] Die Bodenreform, deren Verschleppung einer der wesentlichen Gründe für die Armut ist, wird weiter verschleppt; die Macht der Großgrundbesitzer ist ungebrochen, ausgedehnte Ländereien werden gar nicht bewirtschaftet. Die Ursachen des Hungers in Brasilien sind nicht, wie oft behauptet wird, Rinderzucht oder Sojabohnenanbau für die Erste Welt statt Nahrungsmittelproduktion für die Hungernden. Es gibt in Lateinamerika eine Nahrungsmittelproduktion von 110,8 Prozent des Bedarfsdeckungsgrades; der Nahrungsenergieverbrauch in Kilokalorien betrug 1986 pro Kopf in Indien 2 238 und in China 2 630 – in den lateinamerikanischen Ländern inklusive der Karibik sind es 2 701.[263] Das Problem ist also nicht, was die Großgrundbesitzer anbauen, sondern die nicht durchgeführte Bodenreform und die extrem ungleiche Verteilung des Reichtums.

Nach einem Bericht der Brasilianischen Bischofskonferenz gibt es fast 9 000 nachgewiesene Fälle von Slaverei in den ländlichen Regionen Brasiliens. Die Sklaverei, 1888 abgeschafft, wurde nach Aussagen eines Priesters mit der Erschließung des Amazonasgebiets durch Geschäftsleute aus São Paulo neubelebt. Bislang wurden 55 Sklaven, die zu fliehen versuchten, ermordet. Die Regierung kümmere sich nicht um das Problem, und viele Politiker seien selbst Großgrundbesitzer. Der brasilianische Priester Ricardo Rezende Figueiro erhielt im Oktober 1992 einen Preis von Anti Slavery International. Rezendes

Pastoral Land Commission hatte 1991 5 000 Fälle von Sklavenarbeit in Brasilien dokumentiert.

Der inzwischen wegen Korruption seines Amtes enthobene (»Ich bin ein Opfer...« war sein reflexartiger Kommentar) Präsident Fernando Collor de Mello beklagte die »krankhafte Selbstsucht« der Reichen. »Von 60 Millionen Beschäftigten zahlen nur 3 Millionen regelmäßig Steuern; 80 Prozent aller Unternehmensabgaben stammen aus nur 7 000 der 3 Millionen registrierten Betriebe. Würden alle Brasilianer brav ihre Steuern zahlen, kämen 33 Prozent des Nationalproduktes zusammen – in Wirklichkeit sind es nur 10.« Die katholische Kirche Brasiliens kritisierte Ende 1991 die unter dem Schutz der üblichen Straflosigkeit und Komplizität wachsende und immer weiter um sich greifende Korruption und die »skandalös hohen« Einkommen von Beamten und Geschäftsleuten. 50 Prozent der Beamten sind redundant. Die brasilianische Demokratie soll das Land monatlich 1,1 Milliarden Dollar kosten, was nicht überrascht, erhalten doch allein die Parlamentarier im Nordosten, der ärmsten Region, 11 000 Dollar im Monat (plus weitere Vergünstigungen), mehr als ein US-Kongreßabgeordneter; generell beziehen Brasiliens Volksvertreter höhere Einkommen als die in Europa.[264]

Verwahrloste Kinder und Sklaverei sind kein Spezifikum Brasiliens. Wie der Bericht der ILO (International Labour Organization) vom Juni 1992 klarstellt, ist die Lage vieler Kinder in vielen Ländern der Dritten Welt sehr schlimm; Kinderarbeit unter schrecklichen Bedingungen ist dort weitverbreitet. 11 Prozent der Arbeitskräfte sind in einigen asiatischen Ländern Kinder unter 14 Jahren (allein in Indien 44 Millionen; ungefähr die

Hälfte der Kinder in Pakistans Teppichindustrie sterben, bevor sie 12 werden). In einigen Ländern ist *bonded labour* (eine Form der Sklaverei) gesetzlich erlaubt, wobei zum Beispiel Kinder die Schulden ihrer Eltern abarbeiten – eine Million in Indien. Kinder mit einer 48-Stunden-Woche in Indonesien oder einer 60-Stunden-Woche in Simbabwe werden erwähnt – insgesamt schätzt der ILO-Bericht die Zahl der arbeitenden Kinder auf Hunderte von Millionen.[265]

Bonded labour ist übrigens weitverbreitet in Pakistan und Indien. 28 Jahre nach der Unabhängigkeit wurde in Indien *bonded labour* gesetzlich verboten, ohne weitgreifende praktische Folgen. Naipaul zitiert 1976 einen indischen Kommentar: »Das System ist so alt wie das Leben selbst ... Auf dem Lande hat die Praxis der Sklaverei eine (solche) Verfeinerung erreicht, daß die Opfer selbst dazu gebracht werden, es als ihre moralische Pflicht anzusehen, Sklaven zu bleiben.« In Saudi-Arabien wurde die Sklaverei offiziell 1962, in Mauretanien 1980 abgeschafft, auch dort offenbar ohne wesentliche praktische Folgen.[266] In Kuwait und Saudi-Arabien kaschieren zum Beispiel falsche Heiratsverträge die Versklavung von Arbeitskräften aus Indien, Pakistan, Westafrika und anderen Ländern. Auch im Sudan ist die Sklaverei wieder à la mode. In der Ausgabe vom 4. Mai 1992 berichtete *Newsweek* über die Sklaverei in der Welt und schätzte sie auf 100 Millionen (Anti Slavery International schätzt die Zahl auf 200 Millionen) – als häufigste Form wird *bonded labour* genannt, wenn ganze Familien gezwungen sind, Schulden abzuzahlen zu Löhnen, die ihren Lebensunterhalt nicht decken.[267]

Es ist zwar unsinnig, aber offenbar kann man nicht fehlgehen, wenn man all das als Folge des Imperialismus,

Neokolonialismus, des IWF (des »Herodes des 20. Jahrhunderts«, wie ein Schweizer Traktätchen schreibt) oder der multinationalen Konzerne betrachtet und eine Erhöhung der Entwicklungshilfe sowie sofortigen Erlaß aller Schulden fordert.

»Sie können sich nicht vorstellen«, klagte der brasilianische Senator Villela, »was es für uns bedeutet, wenn ein Repräsentant des IWF zu uns nach Brasilien kommt. Das ist ein Affront für unseren Stolz und unsere Souveränität.«[268] Senator Villela ist stolz, Brasilianer zu sein. Er wird Ihnen sicher gern erklären, wie die Erste Welt die Dritte Welt ausbeutet, daß es eine Schande ist.

1983 schrieb der brasilianische Journalist Pedreira sarkastisch über die Rede des Präsidenten Figueiredo vor der UNO: »Der Präsident spricht sich und seine Minister von aller Schuld frei. Wer und was sind schuld? Die Winde des Geschicks, die internationale Wirtschaft, das ungerechte Verhältnis von Mächtigen und Schwachen, Reichen und Armen – nicht hier in Brasilien, sondern dort draußen, im Verkehr unter den Nationen. Die Schuldigen sind deshalb außerhalb der Reichweite der Regierung, die über keine Mittel verfügt, irgend etwas an der Situation zu ändern ... Im Gegenteil, hier in Brasilien sind wir alle unschuldig, wir tragen keine Verantwortung für unser Schicksal.«[269]

Korruption im politischen und öffentlichen Bereich ist wohl ein universelles Phänomen; sie ist weder eine Spezialität der Dritten Welt noch per se Ursache von Armut (sonst müßten die Japaner oder Bayern alle am Bettelstab gehen). Aber Korruption ist generell eine Verschwendung von Ressourcen, und das können sich die Länder der Dritten Welt weniger leisten als die der Ersten. Vor allem jedoch stellt die *strukturelle* Korruption der kleptokratischen Patronagesysteme der Dritten Welt, wobei staatliche Machtpositionen einen *unmittelbaren* Zugriff auf den gesellschaftlichen Reichtum ermöglichen, ein wichtiges Hindernis der Entwicklung dar. Sie analysieren und abschaffen zu helfen ist deshalb eine wichtige Aufgabe von Entwicklungshilfe.

Korruption interessiert hier nicht als ein Problem individueller Moral (obwohl sie das immer auch ist – es gibt keine generelle Korruption ohne korrupte Individuen), sondern als ein politisches, ökonomisches und soziales Problem.[270] Angesichts der großen Bedeutung der Korruption für die Unterentwicklung in der Dritten Welt, den »Prozeß der nationalen Selbstausplünderung«,[271] scheint es mir falsch (und herablassend), sie schmunzelnd der lokalen Folklore zuzurechnen, als eine Form der Einkommensverteilung zu rechtfertigen[272] oder als »bloß anekdotisch« vom Tisch zu wischen. Korruption ist ökonomisch schädlich, weil sie nicht nur die produktiven Aktivitäten behindert und verteuert, sondern auch materielle und Humanressourcen von den produktiven Sektoren in den ertragreicheren – und meist unproduktiven – staatlichen und öffentlichen Bereich zieht; man könnte das als eine Art permanenter *Dutch disease* bezeichnen: gesellschaftliche Ressourcen werden auf einen Sektor konzentriert, und zwar sowohl zum Nachteil der anderen Sektoren als auch dem der Wohlfahrt des Ganzen. »Suchet zuerst das politische Königreich, und alles wird euch hinzugegeben werden«, hatte Nkrumah verkündet – und so geschah es.[273] Korruption ist sozial und politisch schädlich, weil sie das für *nation-building* und soziale Kohäsion notwendige Gefühl eines gemeinsamen Zweckes und der Gleichheit aller vor dem Gesetz zerstört und damit die Verantwortung und Loyalität gegenüber dem gesellschaftlichen Ganzen, so daß die partikularen Interessen nicht mehr mit dem Allgemeinwohl vermittelt werden – bis zur völligen Auflösung der Gesellschaft in einander bekriegende Ethnien, Clans, Militärcliquen und mafiose Banden. Korruption schwächt die Funktionsfähigkeit von Regierung und Administration, die mit endlosen Gesetzen, Regulierungen, Erlassen und Verzögerungen ein endloses Labyrinth schaffen, das nur durch Gesetzesbrüche und Regelverletzungen zu umgehen ist, die damit ein rares und lebensnotwendiges Gut darstellen, das sich gewinnbringend verkaufen läßt. So erklärt sich auch der auffällige Widerspruch in vielen Entwicklungsländern von hypertropher Bürokratie und mangelnder administrativer Ausbildung und Kompetenz, Planwirtschaft und fehlenden planerischen Fähigkeiten, Sozialismus und vormoderner Gesellschaft, in der die Trennung von öffentlichem und Privathaushalt noch nicht durchgeführt wurde.[274] Während »Sozialismus« den Edlen Seelen Gleichheit und soziale Gerechtigkeit signalisiert und Solidarität mobilisiert, bedeutet er für die Drittwelt-Eliten vor allem Staat, Verstaatlichung und staatliche Intervention, das heißt einen unmittelbaren Zugriff auf den gesellschaftlichen Reichtum. Das ist vermutlich auch einer der Gründe für die hohe Zahl von Kleinstaaten in der Dritten Welt (80 mit einer Bevölkerung unter 10 Millionen, 55 mit einer Bevölkerung unter einer Million) und die erstaunliche Tatsache, daß die vielbeklagten »willkürlichen kolonialen Grenzziehungen« nicht revidiert, sondern mit nachgerade religiöser Ehrfurcht respektiert und allenfalls vermehrt wurden. Je mehr Staat und je mehr Staaten, desto mehr Pfründe. Die Korruption kann den Staat so paralysieren, daß schließlich zentrale und traditionell in den Souveränitätsbereich des Nationalstaates fallende Funktionen Ausländern zur Verwaltung übergeben werden müssen, wie es in Indonesien, den Philippinen und Bolivien bei bestimmten Zollämtern der Fall ist.[275]

Daß der gegenwärtige Prozeß der Demokratisierung in so vielen Entwicklungsländern da Abhilfe schafft, ist gewiß zu hoffen – sehr wahrscheinlich ist es nicht. Christina Lamb hat in ihrem großartigen Buch über das Pakistan Benazir Bhuttos gezeigt, daß es dadurch noch viel schlimmer werden kann, daß die populistische Demokratie à la Corazon Aquino und Benazir Bhutto den Prozeß der Selbstausplünderung nicht beendet, sondern nur die Teilnehmerzahl erhöht und die Dringlichkeit, noch vor der nächsten Wahl seinen Schnitt zu machen; »das Engagement für die Demokratie ist dann nur ein anderes Mittel, seinen Anteil an der Beute zu sichern.«[276]

Leben wir also auf Kosten der Dritten Welt? Nein – die für diese Ansicht vorgebrachten Argumente: Rohstoffpreise und Terms of Trade, Multis und Schuldendienst, können sie nicht ausreichend belegen. Die Gründe für Stagnation und Unterentwicklung in so vielen Entwicklungsländern sind wesentlich interner Art, nicht externer. Was auch immer die Industrieländer getan oder zu tun versäumt haben, nicht sie sind in erster Linie verantwortlich für die Misere der Entwicklungsländer, sondern diese selbst – wie die Entwicklungsländer auch umgekehrt ihre Entwicklung, ihre Fortschritte und ihren beginnenden Wohlstand sich selber verdanken, nicht den Industrieländern.

Die ungleiche Verteilung des Reichtums auf der Welt kann nicht unmittelbar als eine ungerechte, das heißt ausbeuterische behauptet werden, sondern resultiert aus der ungleichen Produktion dieses Reichtums. Die ungleiche Produktion des Reichtums beruht auf der hohen Produktivität der Arbeit in den Industrieländern, deren hohem Stand von Ausbildung, Wissenschaft und Technologie, einer funktionierenden Administration, dem sozialen und demokratischen Rechtsstaat und anderem mehr, nicht aber auf der Ausbeutung der Dritten Welt.

Die Ansicht, daß wir auf Kosten der Dritten Welt leben, verdankt ihre weite Verbreitung (und daß sie weit verbreitet ist, zeigen nicht nur die Dritte-Welt-Publikationen, sondern auch die Massenmedien Woche für Woche) und Wirksamkeit nicht ihrer Übereinstimmung mit den Fakten, sondern tiefverwurzelten Schuldgefühlen und moralischer Einschüchterung sowie einem Meinungsklima politisch-moralischer Korrektheit. Nicht etwa, daß *moralisch* argumentiert wird, ist Gegenstand meiner Kritik, sondern daß nicht moralisch *argumentiert* wird und daß eine vermeintliche moralische Überlegenheit jedes historische und politökonomische Sachargument schnurstracks zum Schweigen verurteilt. Die These von der Ausbeutung der Dritten durch die Erste Welt ist nicht nur falsch, sie hat – allen wohlmeinenden Intentionen zum Trotz – auch negative praktische Folgen, insofern sie eine schädliche, entwicklungshemmende Politik in den Entwicklungsländern ebenso bestärkt wie eine schädliche, entwicklungshemmende Politik der Industrieländer gegenüber den Entwicklungsländern. Und indem von der Dritten Welt nur in einem Tone zu sprechen erlaubt ist, wie er am Bett eines todkranken Kindes sich schickte, befördert man eine ebenso herablassende wie ängstlich-beflissene Art der öffentlichen Diskussion zum Thema Dritte Welt.

Unserer Verpflichtung zur Hilfe für die Dritte Welt kommen wir nicht dadurch um so gewissenhafter nach, je ausdrücklicher wir uns der Ausbeutung anklagen und zum Abschaum der Erde erklären, sondern indem wir uns präzise Kenntnisse über die komplexe Wirklichkeit der Dritten Welt und des Verhältnisses von Erster und Dritter Welt verschaffen und *danach* entwicklungspolitisch und humanitär handeln.

Bernard Lewis, der große Erforscher der islamischen Kulturen, beendet sein Werk über *Race and Slavery in the Middle East* mit den folgenden Worten: »Die Bürde des weißen Mannes im Sinne Kiplings – die Verantwortung des Weißen für die Völker, über die er herrschte – ist schon seit langem abgeworfen und von anderen übernommen worden. Aber es gibt Menschen, die darauf bestehen, sie zu behalten – diesmal nicht als eine Bürde der Macht, sondern der Schuld, ein Insistieren auf der Verantwortung für die Welt und ihre Übel, das so arrogant und ungerechtfertigt ist wie die Ansprüche unserer imperialistischen Vorfahren.«[277]

Nachwort

von Rupert Neudeck

Bei der Lektüre dieses Buches kam in mir ein Gefühl zwischen Bestätigung und Beschämung auf: Ich erinnerte mich an einen Zeitungsartikel in der *Frankfurter Rundschau* vom Juli 1992. Der Chef der deutschen Entwicklungshilfe in Kenia, Klaus Thüsing, schrieb dort: »Mir ist in den vier Jahren, seit ich hier bin, ein wesentlicher Faktor der europäischen Entwicklungszusammenarbeit in Afrika aufgefallen: Wir haben uns mit korrupten Eliten eingelassen und haben nicht versucht, diese korrupten Eliten zu beseitigen.«

Es gibt Schlüsselerlebnisse. Ich erinnere mich daran, daß mir Ugander während des Bürgerkrieges, nach einer Blut- und Gewaltorgie, der nach Schätzungen der Menschenrechtsorganisationen eine Million Menschen zum Opfer fielen, sagten: »Unter den Briten ist es uns besser gegangen.« Damals, 1983, empfand ich das als obszön. Die ungebildeten Ugander, die Baganda und die Kawka konnten das nicht besser wissen. Um Gottes willen darf man so etwas aber nicht nach Europa berichten.

Und heute? Die Situation hat sich dramatisch zugespitzt. Die Welt taumelt einem Abgrund zu, wir geraten immer mehr in Verlegenheit, wenn wir gefragt werden, wie humanitäre Hilfe aufrechterhalten werden soll. Die Hilfe wollen wir nicht verweigern, aber was ist es für eine absurde Situation, wenn sich eine Hilfsorganisation in einem Land wie Somalia erst bewaffnen muß, damit sie helfen kann?

Wir stehen entwicklungspolitisch betrachtet an einem Wendepunkt: Mit Geldmitteln ist nichts mehr zu erreichen, und an die großartigen Thesen glaubt auch kein Mensch mehr. Die UNO muß sich einer Totalreform stellen, oder sie wird untergehen.

Damit einhergehend muß sich eine Änderung der staatlichen Entwicklungspolitik ergeben. Wir müssen uns von der vertrauten Gewohnheit lösen, lieber Geld zu geben, als selbst mit Ideen und Tatkraft an den bestehenden Verhältnissen etwas ändern zu wollen.

Ich habe dieses Buch von Kohlhammer mit großem Interesse und mit gemischten Gefühlen gelesen: Es ist ein großer Wurf, und es ist fällig. Und trotzdem hat mich einiges geärgert, weil die Praxis zu wenig Eingang gefunden hat.

Ein Beispiel: Kohlhammer versucht zu zeigen, daß die Nettoressourcentransfers in die ärmsten Länder Afrikas insgesamt positiv waren, und er schließt daraus: »Am Elend Afrikas mögen sich viele bereichern – die Industrieländer insgesamt tun das nicht!«

Ich würde diese These zergliedern. Woran sich die Industrieländer eben dennoch bereichern, sind die Waffenverkäufe und die Giftmüllexporte.

Als es seinerzeit einen Seelenverkäufer gab, der entdeckt wurde und der mit seiner dreckigen Fracht nach Europa zurückkehren mußte, wurde deutlich, daß das nur die Spitze eines Eisberges ist. Ich fragte damals bei einem vertraulichen Gespräch Bundesumweltminister Klaus Töpfer, von wie vielen Schiffen, die nicht entdeckt werden, wir ausgehen müßten. Der Minister gab zu: Es handelt sich um etliche. Aber das ist wie mit den waffentragenden Schiffen. Sie werden nur dann gestoppt, wenn Regierungen zufällig auf eine gewisse Sauerei aufmerksam gemacht worden sind – und nicht mehr anders können. Zwei oder wohl vier Länder Afrikas sind an dieser Hypertrophie der Waffen- und Munitionsversorgung und Belieferung regelrecht kaputtgegangen.

Zum einen Somalia. Die somalische Tragödie hat viel weniger mit dem Kolonialismus, dem US- oder UdSSR-Imperialismus zu tun (auch nicht mit dem »Herodes des 20. Jahrhunderts«, IWF, sondern mit den Waffenlieferanten, die das Land überrüstet haben. Das wird dem Leser übertrieben klingen, er wird es sich nicht vorstellen können; und dennoch ist es wahr. Somalia ist vollgestopft mit Waffen. Das einzige Produktionsmittel für die Somali-Youngsters ist in dieser Situation nur noch die Kalaschnikow.

Das zweite Land, das ich mit eigenen Augen gesehen habe, in das ebenfalls so hypertroph und übertrieben alle Waffensysteme aus Ost und West plus Südafrika hineingepumpt werden, ist Angola. Dort hat die somalische Krankheit das Land und die Angolaner noch nicht total durchgerüttelt wie im Fieberrausch. Denn immerhin hat Angola den kleinen Vorteil, in der nördlichen Enklave Cabinda Öl zu haben. Weshalb die USA schon den Offenbarungseid geleistet haben: Sie wollten ihren alten Verbündeten Jonas Savimbi warnen, der aber gehorcht nicht. Weil ihn nie die Demokratie oder die Menschenrechte kümmerten, sondern nur die eigene Macht.

Im Süden des Landes, in der Provinz Kunene, wo Cap Anamur versucht, Panzerminen zu knacken, dort liegen so viele Munitionslager und Depots unbewacht und nicht gewartet in freier Wildbahn herum, daß sogar die humanitären Minenräumer von Cap Anamur gebeten wurden, sich den Zustand dieser Depots anzuschauen.

Ich will damit sagen: Die Rechnung – die Industrieländer insgesamt bereichern und versündigen sich nicht an den Ländern Afrikas, Lateinamerikas – ist eine Milchmädchenrechnung. Sie stimmt zu großen Teilen, sie ist zu ebenso großen Teilen falsch. Die Tricks, mit denen Waffenexporte für eine hochprofitable Industrie weitergeführt werden, sind unendlich vielfältig. Und unsere Regierungen machen das mit. Hauptargument sind immer die Arbeitsplätze.

Im Gepäck des deutschen Bundeskanzlers Kohl bei seiner Reise nach Djakarta, Indonesien, waren 39 Kriegsschiffe und drei U-Boote. Die Menschenrechtslage ist zwar, wie von der Bonner Regierung zugegeben wird, besorgniserregend. Die portugiesische Regierung hatte vorsorglich sogar ihren Botschafter in Bonn eine regelrechte Protestnote übergeben lassen, die »im europäischen Umgangston einmalig« war. Die Portugiesen weisen den Bundeskanzler in dieser Note auf eine Empfehlung des EG-Parlaments hin, »vom Verkauf von Kriegsmaterial an Indonesien abzusehen«. Die Note erinnert Bonn an die »Bedeutung, die die Verteidigung der Menschenrechte insgesamt in der Außenpolitik beider Länder einnimmt«.

Macht nichts: Kohl hat die Mitbringsel dennoch verscherbelt. Auf ausdrücklichen Wunsch aus Bonn werden die Kriegsgeräte jedoch aus dem Budget des indonesischen Technologie-Ministers Habibi bezahlt.

Denn, so die Antwort auf die Protestnote der Portugiesen: Die Bundesregierung hätte ihre rüstungspolitischen Bedenken zurückgestellt, weil die Schiffe, die dem Stabschef der indonesischen Marine übergeben werden, zum

Küstenschutz gegen Piraten und Drogenhändler eingesetzt würden.

Kurz: Es gibt eine unendliche Kette von Zerstörungsaktionen durch Rüstungslieferungen. Dabei müßten es alle Beteiligten besser wissen: wie furchtbar eine Überrüstung in einem nichtentwickelten Land auf die einheimischen, nomadischen Strukturen wirkt. Und es wird sich furchtbar rächen: denn die heuchlerisch zur Bekämpfung von »Piraten« übergebenen Waffen werden pünktlich und postwendend zur Bekämpfung und Vernichtung von Minderheiten eingesetzt.

Warum ich nach der Lektüre von Gunnar Myrdal, Brigitte Erler, Erhard Eppler, Willy Brandt, Ulrich Menzel und nun auch Siegfried Kohlhammer auf diesen Beispielen beharre? Weil in diesen durch Waffen kaputtgemachten Ländern alle Theorien zu Ende sind. Weder die Modernisierungs- noch die Dependenztheorie, weder die Entwicklungskeynesianer noch die Neoklassiker, weder die linken Revisionisten noch die Weltsystemtheoretiker können im Rahmen ihrer großen Theorien etwas davon erklären.

Diese Länder gibt es als Staaten gar nicht mehr. Somalia ist ein Volk ohne Staat. Liberia (von dem wir Gott sei Dank weniger erfahren zur Schonung unserer Tagesschau-Nerven) ebenso. Angola wird in eine ähnliche Lage kommen.

Mobutu, der kapitalistische Freund des Westens, Frankreichs, Belgiens und der Schweiz, bekommt jetzt – mutig, mutig! – Einreiseverbot für Frankreich. Er soll sich buchstäblich nicht an der Riviera – wo er mehrere Schlösser besitzt – die Zähne richten lassen, sondern er soll sein eigenes Land in Ordnung bringen. Paris vergißt dabei, daß für Mobutu schon längst sein Schloß an der Riviera sein »castle« und Land war, nicht das von ihm ausgesaugte und ausgeblutete Land Zaire.

Was tun? Menschen die Treue halten. Beharrlich vor Ort arbeiten, im humanitären und entwicklungspolitischen Auftrag. Die Regierungen kritisieren, die den vollen Ernst nicht sehen können und wollen. Es ist mir bei Somalia klargeworden: Unsere Regierungen können nur kameralistisch denken im diplomatischen Austausch.

Ich habe in den letzten vierzehn Jahren gelernt, daß unser Optimismus betrogen wurde, weil wir hofften, eine »wirtschaftliche Zusammenarbeit« sei möglich. Der betrogene Optimismus hat uns trotzdem nicht davon abgehalten, nach neuen Möglichkeiten für eine Veränderung der Entwicklungspolitik zu suchen.

Václav Havel hat dazu gesagt: »Hoffnung ist eben nicht Optimismus. Es ist nicht die Überzeugung, daß etwas gut ausgeht, sondern die Gewißheit, daß etwas Sinn hat – ohne Rücksicht darauf, wie es ausgeht!«

Ja, aber ist das nicht schon eine religiös begründete Gewißheit und Hoffnung? Wer durch Afrika und Lateinamerika gereist ist, wird sagen: Das einzige, was wir im Austausch mit den Habenichts- und Schwellenländern lernen konnten, ist die Tatsache, daß Religion und Geschichte kein Humbug sind. Wenn Länder ganz am Boden lagen, nichts mehr Bestand hatte, dann gab es bei den Somalis, Ovimbundu, Sudanesen, Ugandern, Indianern am Amazonas, am Chaco und Choco immer noch die Religion. Und das ist ein durch keine große Theorie aufzulösender Faktor. Es ist ein Seufzer der bedrängten Kreatur.

Hinzu kommt eine weitere Erkenntnis für die Arbeit in der Zukunft: Große Ehrlichkeit und das Ablegen liebgewonnener Theorien und Weltbilder sind notwendig. Das Buch von Siegfried Kohlhammer ist dazu ein neuer Ansporn.

Anmerkungen

1 Ich entleihe diesen Namen dankend vom Helden der Dritten Welt, Saddam Hussein; nach Klaus Bittermann (Hrsg.), *Liebesgrüße aus Bagdad. Die »edlen Seelen« der Friedensbewegung und der Krieg am Golf.* Berlin: Edition Tiamat 1991. Eine unpolemische Klassifizierung findet sich bei Menzel 44–48.

Nur mit Familiennamen zitierte Werke sind am Schluß des Buchs in der Bibliographie angeführt. Meine Polemik erhebt keinen Anspruch auf Wissenschaftlichkeit noch gar auf eigenständige Forschungsleistungen, wohl aber auf eine ausreichende Informationsgrundlage. Die zahlreichen Anmerkungen sollen nicht Wissenschaftlichkeit vortäuschen, sondern dienen dazu, diese Informationsgrundlage vorzuzeigen und dem ungläubigen Leser Nachforschungen zu erleichtern. Ich habe auch Werke ausgeschlachtet, deren Argumentationsziel mit meinen Thesen nicht übereinstimmt oder ihnen direkt zuwiderläuft, zumal wenn andere Daten zu bestimmten Punkten nicht vorhanden oder mir nicht problemlos zugänglich waren. (Das gilt vor allem für die ausgezeichnet recherchierten Arbeiten von Susan George, deren einziger Mangel darin besteht, ein Wahnsystem vom heimlichen Vernichtungskrieg der Ersten gegen die Dritte Welt beweisen zu sollen, und für den *Human Development Report* der UNDP, eine sehr heterogene Arbeit einer sehr heterogen zusammengesetzten Verfassergruppe, wie das oft bei UNO-Organisationen, die paritätisch nach Regionen/Ländern besetzt werden, der Fall ist.)

2 Und schon seit langem. Vor vielen Jahren erklärte Senghor die Sklaverei zum größten Genozid der Menschheitsgeschichte (er meinte die Versklavung der Schwarzen – nicht durch Schwarze und Araber, sondern durch Weiße). Das scheint mir typisch für den fahrigen und einschüchternden Gebrauch von Begriffen in der Drittwelt-Ideologie; denn was immer man der Sklaverei Schlimmes nachsagen kann, die physische Vernichtung der Sklaven war definitiv nicht das Ziel der Sklavenhändler und -halter. Siehe auch die *Spiegel*-Titelgeschichte zu Afrika *Ein schwarzer Holocaust* und das Interview mit Benins Präsident Nicéphore Soglo (Nr. 51, 1992): »Die Sklaverei war ... ein schwarzer Holocaust ... Das hatte Auswirkungen auf Afrikas Demographie; es ist eine der Ursachen für Afrikas Unterentwicklung.« Das Problem Afrikas ist meines Wissens Übervölkerung, nicht Bevölkerungsmangel.

3 Andernfalls stellen Schuldgefühle nur holde Drangsale dar. Zu vermuten, daß es eine Schuldlust gibt, wie es zum Beispiel eine Angstlust gibt, ist wohl nicht besonders gewagt.

4 Susan George, *Uses and Abuses of African Debt.* In: *Dissent*, Sommer 1992, 341.

5 Glagow in Nohlen/Nuscheler 316.

6 Nach Riddell 3 und *Tokyo Shimbun*, 8.2.1993.

7 In Anlehnung an den Titel einer Reportage von Tom Wolfe, der über vergleichbare Einschüchterungsmaßnahmen innerhalb der USA berichtet: *Mau-Mauing the Flak Catchers* (1970).

8 Nach *The Japan Times*, 19.12.1992 und 23.12.1992.

9 *HDR* 7.

10 Nuscheler in Nohlen/Nuscheler 175. Nuscheler spricht dort von einem »kollektiven Assistentialismus, der sich in der ›Bitt- und Forderungsgemeinschaft‹ des Südens breitgemacht hat«.

11 Nohlen/Nuscheler in Nohlen/Nuscheler 18, 22, 30. Zur lateinamerikanischen Variante dieser Einstellung siehe Gernot Volger, *Mestizenkultur.* In: *Merkur*, Nr. 528, März 1993, 218–230.

12 Boeckh in Nohlen/Nuscheler 128.

13 »injustice«, *HDR* 34.

14 *HDR* 3 und 34. »Die Reichen behalten mindestens acht von zehn Dollar für sich«, klagt Christian Wernicke in der *Zeit*, Nr. 23, 1992.

15 Nissen in Nohlen/Nuscheler 214. Merkwürdigerweise werden solche Thesen häufig von Linken vertreten, die doch von Marx gelernt haben müßten, den Schein der Zirkulations- und Verteilungssphäre auf das ihr zugrundeliegende Wesen, die Produktion hin zu analysieren.

16 *HDR* 67. Dabei ist einzig der mit 40 Milliarden Dollar veranschlagte Verlust durch Marktrestriktionen der Industrieländer eine ernst zu nehmende Zahl. Die Tatsache zum Beispiel, daß die Entwicklungsländer – wie die Industrieländer auch – für Patente, Copyright, Trademarks bezahlen müssen, wird unter »beschränkter Zugang zum Markt für Technologie« angeführt. 20 Milliarden Dollar sind angegeben. (Der Handel mit – vor allem in den Entwicklungsländern – illegal kopierten Produkten wird auf 80–100 Milliarden Dollar geschätzt – eine Zahl, die der *HDR* nicht angibt.)

17 *HDR* 48, 58: »mindestens 250 Milliarden Dollar pro Jahr«.

18 Siehe Rudolf Geiger, *Recht der internationalen Beziehungen.* München: dtv [3]1982, 114–176.

19 Vergleiche Pomfret 183. »Arbeit ist keine Ware« erklärt die Satzung der ILO (International Labour Organisation).

20 *HDR* 58.

21 *HDR* III und 6.

22 *HDR* 15, 55, 53.

23 Siehe dazu Pomfret 175 f. und 183 f. und Opitz in Nohlen/Nuscheler 391 f.

24 Nach George 1992, 135 und Christina Lamb, *Waiting for Allah. Pakistan's Struggle for Democracy.* Harmondsworth: Penguin 1992, 169. Siehe auch die Zahlen bei Nafziger 360 f.

25 *HDR* 69.

26 Nach Meier 63.

27 Ich weise in meinem Buch die *ökonomischen* Argumente, die die These von der Ausbeutung der Dritten durch die Erste Welt stützen sollen, zurück. Mittlerweile werden diese gern mit *ökologischen* vermischt oder allein ökologische Gründe vorgetragen. All diese Argumente zu sammeln, zu analysieren und zu kritisieren, wäre die Arbeit eines anderen Buchs. Ökologische Argumente haben meinen Diskussionserfahrungen nach oft die Funktion einer Notbremse: wenn die ökonomischen Argumente problematisch geworden sind, rettet man sich schließlich in die Ökologie. (Insofern spiegelt der Drittwelt-Diskurs das allgemeine Verhalten der Linken in den letzten zehn bis fünfzehn Jahren.) Auch in der Dritten Welt selbst wurde das Argument der ökologischen Ausbeutung verständlicherweise mit Gusto aufgegriffen, erlaubte es doch, neue Schuldzuweisungen nach außen vorzunehmen, zumal das im Westen einmal mehr auf Schuldbereitschaft und Bußfertigkeit traf. Das *Gift der Zivilisation* – in seinen kulturellen, sozialen, ökonomischen und chemischen Varianten – zu verbreiten: Das ist schließlich der Hauptvorwurf der antikapitalistischen und konservativen Antimoderne.

Das Argument, daß, erreichten alle Entwicklungsländer das heutige Niveau der Industrieländer, dies den ökologischen Kollaps der Erde bedeuten würde, beschreibt wohl ein wirkliches Dilemma. Aber *nichts* spricht dafür, daß die Entwicklungsländer bislang aus ökologischen Gründen ihre wirtschaftliche Entwicklung gebremst hätten (noch daß sie dies in Zukunft tun werden); das genannte Argument taugt also nicht dazu, die *bisherige* Unterentwicklung und Stagnation in der Dritten Welt zu erklären. Die Dritte Welt ist nicht deshalb wirtschaftlich unterentwickelt, weil ökologische Bedenken wirtschaftlicher Entwicklung entgegenstanden, das heißt das ökologische Argument hat keinen Erklärungswert für die von mir behandelte Frage. Daß nicht erneuerbare Rohstoffe (Erdöl, Kupfer zum Beispiel) in unverhältnismäßig höherem Maße von den Industrieländern als von den Entwicklungsländern konsumiert werden, ist richtig. Aber diese Rohstoffe sind nationale, nicht globale Güter (siehe dazu Nafziger 347 f.), und sie werden nicht gestohlen, sondern erhandelt, zum Nutzen beider Seiten. Würden die Industrieländer etwa ein adäquates Substitut für Öl als Energiequelle finden, käme dies einer wirtschaftlichen Katastrophe für eine große Zahl erdölexportierender Entwicklungsländer (und Industrieländer) gleich. Wenn die Industrieländer mehr Rohstoffe verbrauchen als die Entwicklungsländer, ermöglichen sie dadurch zugleich vielen Entwicklungsländern, mehr Industriegüter aus den Industrieländern zu konsumieren. Daß dabei die eine Warengruppe nicht erneuerbar ist, halte ich für einen irrelevanten Umstand: Wozu und wem nützte die Konservierung nicht erneuerbarer Rohstoffe? Der rationale Rest des Arguments ist die Aufforderung zur Sparsamkeit: für die Industrieländer, bis Substitute gefunden sind, was schneller geschehen kann, als den Produzenten lieb ist, für die Entwicklungsländer, diese Rohstoffe nicht eher verkauft zu haben, als sie in ihrer wirtschaftlichen Entwicklung davon unabhängig geworden sind. – Die einschlägigen Vorhersagen des Club of Rome haben sich nicht bewahrheitet. Problem der Entwicklungsländer ist meist nicht die Erschöpfung der Rohstoffe, sondern deren Überfluß (vergleiche die OPEC-Streitereien), nicht die Rohstoffgier der Industrieländer, sondern deren Appetitlosigkeit.

Daß die Industrieländer mehr Schadstoffe in die globale Umwelt schicken als die Entwicklungsländer, wird wohl stimmen. Auch hier sind es nicht etwa ökologische Bedenken der Entwicklungsländer, die diese Diskrepanz erklären, sondern einfach deren Unterentwicklung (die ja auch ihre eigenen negativen ökologischen Folgen hat: Ausbreitung der *Slash-and-burn*-Agrikultur, Übergrasung und ähnliches). Daß die Industrieländer mehr Schaden anrichten als die Entwicklungsländer und vor allem daß sie eher – finanziell und technisch – in der Lage sind, diese Schäden zu reduzieren, sollte allerdings Grund sein, den Anteil der Industrieländer an der globalen Umweltgefährdung zu reduzieren. Insofern die Industrieländer also unverhältnismäßig und kompensationslos ein gemeinsames globales Gut (zum Beispiel die Ozonschicht und deren Schutzfunktion) schädigen, leben sie »auf Kosten« anderer. Dies ist der einzige Fall, wo ich die Frage »Leben wir auf Kosten der Dritten Welt?« bejahen würde.

28 Opitz in Opitz 23; er gibt den Anteil der Industrieländer an der Weltbevölkerung mit 24 Prozent an. Inkonsistenzen in manchen meiner Zahlenangaben resultieren aus den unterschiedlichen Definitionen von Industrieländern und Entwicklungsländern, Berechnungsarten und -zeiten der unterschiedlichen Quellen. Sie beeinträchtigen meine Argumentation nicht. Zum Problem der Definition von »Dritte Welt« siehe Harris und Menzel.

29 *HDR* 37; *WDR* 149.

30 *HDR* 37; GATT-Zahlen für 1990; Nissen in Nohlen/Nuscheler 213.

31 *The Japan Times*, 1.12.1991. Der Einwand, diese Zahlen erfaßten doch nur einen Teil der Gesamtproduktion der Entwicklungsländer, da sie nur den Teil der Produktion berücksichtigten, der auf dem von den offiziellen Statistiken erfaßten Markt erscheine, nicht aber den wichtigen Anteil von Subsistenz- und Schattenwirtschaft (informeller Sektor), ist berechtigt. Daraus folgt zunächst, berücksichtigt man auch die Kaufkraftunterschiede zwischen Industrie- und Entwicklungsländern, daß die Einkommensdifferenzen zwischen Erster und Dritter Welt von den offiziellen Zahlen übertrieben dargestellt werden. Entsprechend ist zum Beispiel das Durchschnittseinkommen Indiens nicht ein Sechzigstel, sondern ein Sechzehntel von dem der USA (nach Nafziger 22 f. und 24 f.). Andererseits wird aber wohl niemand behaupten, daß ausgerechnet die von der

Subsistenz- und Schattenwirtschaft produzierten Güter zum Reichtum der Ersten Welt beitrügen.

32 *Zeit*, 15.11.1991.

33 Die zehn größten Handelsnationen der Welt (weniger als 20 Prozent der Weltbevölkerung) betreiben untereinander zwei Drittel des Welthandels (*Zeit*, 17.4.1992). Der Anteil der Entwicklungsländer am Welthandel wird mit 19,3, 21, 20,8, 20, 20 Prozent angegeben von *HDR* 37; Nuscheler in Nohlen/Nuscheler 158; Todaro 369; Vernières 125; Franzmeyer in Opitz 177. Der Anteil Afrikas am Welthandel beträgt ein Prozent laut *HDR* 40. Frankreichs Außenhandel mit Afrika betrug 1950 30 Prozent seines gesamten Außenhandels, heute sind es 3 Prozent (Lele 387).

34 George 1990, 232.

35 Geringe Wachstumsrate der Nachfrage nach Rohstoffen, Substitution durch andere Materialien, Überproduktion und vor allem die Rezession in den Industrieländern gibt der *HDR* (59 f.) als Gründe für den »langfristigen Verfall der Rohstoffpreise« an.

36 Meier 423.

37 Siehe dazu die Tabellen bei Lele 64 ff., Lindert 305, Meier 540 ff., *WDR* 72 f., Kromka/Kreul 20 ff., Findlay in Ranis/Schultz 83 f.

38 So ein sudanesischer Intellektueller, nach Kromka/Kreul 83. In Indonesien veranlaßten vor einigen Jahren die hohen Gewürznelkenpreise den Präsidentensohn Hutomo zur Intervention in den Markt, um die Preise zu stabilisieren. Das Resultat war, daß die Preise fielen – nach unterschiedlichen Angaben um die Hälfte bis zwei Drittel, bei steigender Nachfrage; das Land importierte sogar zeitweise Gewürznelken (der Grund für den hohen Bedarf sind die landestypischen Kretek-Zigaretten). Das von der Hutomo-Clique gegründete Monopol verkauft die Nelken nun zum doppelten Ankaufspreis (dazu *Time*, 3.2.1992).

39 Foster 283.

40 Nach Foster 284.

41 *WDR* 72f.

42 Lele in Ranis/Schultz 201 und Kromka/Kreul 21. Einen guten Überblick verschafft der Artikel von Robert H. Bates (*Governments and Agricultural Markets in Africa*) in Meier 540–546.

43 Meier 540.

44 Lindert 300 f.

45 Lele 64 ff.

46 Foster 280.

47 Siehe Foster 284–286, Meier 541 f., *WDR* 72; deshalb gehört die Abwertung der jeweiligen Währung zu den Grundforderungen der IWF-Anpassungsprogramme.

48 Foster 286.

49 Kromka/Kreul 21 f.

50 Zu Lateinamerika siehe Ranis/Fei in Ranis/Schultz 108 und 130–132.

51 Nuscheler in Nohlen/Nuscheler 163.

52 Siehe *WDR* 102; weitere Beispiele bei Reynolds 964 und 974.

53 Siehe Pomfret 77.

54 Harris 28 (ohne Öl); siehe Pomfret 83 und Reynolds 962. 1985 betrug der Anteil der Landwirtschaft am Bruttoinlandsprodukt der Entwicklungsländer 20, der Industrie 34 und der Dienstleistungen 47 Prozent (Meier 297).

55 *HDR* 62 und 64.

56 *WDR* 106. Nach Nafziger (71) beträgt der Anteil der Rohstoffexporte 1965: 78 Prozent, 1986: 47 Prozent.

57 Vernières 126 f.; danach auch die folgenden Zahlen. Der Hinweis, daß eine hohe *Zahl* von Entwicklungsländern einen sehr hohen Rohstoffanteil am Export haben, ist richtig – dabei ist jedoch zu bedenken, daß mehr als ein Drittel (nämlich 55) der Entwicklungsländer weniger als eine Million Einwohner haben (Vernières 18), so daß Statistiken nach der Zahl der Länder (wobei dann China: eine Milliarde Einwohner und die Seychellen: 68 000 Einwohner jeweils als ein Land gelten) erhebliche Verzerrungen bedeuten können. Das gilt natürlich nicht nur für diesen Fall.

58 Vernières 144 f.; so auch Reynolds 959, 962, 974 und Nafziger 396 ff.

Entwicklung der Terms of Trade (1938 = 100)

	1948	1951	1962	1972
Industrieländer	97	89	102	104
Entwicklungsländer	120	151	124	127

D'Hérouville (nach Vernières 144)

Ab 1975 ist die Entwicklung für die Entwicklungsländer ungünstiger, günstiger für die Industrieländer. – Vergleiche die Zahlen des *WDR*:

Veränderung der Terms of Trade

	1965–73	*1973–80*	*1980–87*	*1987*	*1988*	*1989*
OECD-Länder	–1,1	–3,3	1,4	–0,4	0,5	–0,4
Entwicklungsländer (low and middle income economies)	0,1	2,1	–3,7	0,3	–2,0	0,9

nach WDR 189

Terms of Trade (1970=100)

	1979	*1989*
Entwicklungsländer insgesamt	150	123
Afrika	126	99
Asien	98	90
Lateinamerika	140	113
Mittlerer Osten	305	233
nicht ölexportierende Entwicklungsländer	94	82
ölexportierende Entwicklungsländer	357	256
Industrieländer	93	100

nach Nafziger 398

59 Die Terms of Trade (*single factor* und *income* – zur Erläuterung dieser Begriffe siehe Nohlen/Nuscheler in Nohlen/Nuscheler 48 und Nafziger 397) verbesserten sich für viele arme Länder (Meier 390). Wie die Arbeit von Peter Nunnenkamp (*The International Debt Crisis of the Third World*, 1986) gezeigt hat, gibt es keine überzeugenden Belege für die Annahme, die Schuldenprobleme vieler Entwicklungsländer seien durch eine Verschlechterung der Terms of Trade verursacht worden. Siehe dazu Corbridge 112.

60 Mohssen Massarrat, *Der Nord-Süd-Einkommenstransfer und die Fiktion des Freihandels.* In: *Blätter für deutsche und internationale Politik*, Nr. 12, Dezember 1992, 1484. – Auf Massarrats Berechnung der »Einkommensverluste« der Entwicklungsländer im Kaffeehandel scheint mir das zuzutreffen, was er selbst gegen den »Terms-of-Trade-Ansatz« vorbringt: »je nach Auswahl des Basisjahres, einmal den Norden und einmal den Süden der Ausbeutung zu bezichtigen« (1483). Massarrat vertritt die »Opfer-und-Ohnmächtigen«-Position: Die Länder des Südens haben »keine Chance, aus eigener Kraft nennenswerte Veränderungen herbeizuführen« (1481).

61 Meier 341.

62 Lele in Ranis/Schultz 207 f.; so auch McKinnon, ebd. 387, und Reynolds 970 und 974 (nach Reynolds verschlechtern sich die internen Terms of Trade in den Entwicklungsländern seit 1950).

63 Wesel in Opitz 106; siehe auch Bauer 29 und Lele 45 f.

64 Foster 89 f., 107.

65 *HDR* 37.

66 *The Japan Times*, 22.9.1992; siehe auch Drèze/Sen 31 f.; dagegen Foster: Die absolute Zahl der Unterernährten stieg von 1949 bis 1984 von 550 Millionen auf knapp 600 Millionen, in relativen Prozentzahlen bedeutet dies jedoch eine Abnahme von zirka 20 auf zirka 10 Prozent (Foster 88).

67 Drèze/Sen 99. Literatur zur Diskussion dieser These ist bei Nafziger 142 f. aufgeführt.

68 Drèze/Sen 5, 22–34; die Hungerkatastrophe in Bangladesh 1974 geschah zu einem Zeitpunkt überdurchschnittlichen Vorhandenseins von Nahrungsmitteln (27 f.). Auch der *WDR* (53) weist darauf hin, daß Hungersnöte mit Nahrungsmittelüberschüssen zusammengehen können; Grund sei ein Fall der Kaufkraft und Versagen des Distributionssystems.

69 George 1990, 52.

70 Foster 329; das gehe aber letztlich auf Kosten der Armen (330).

71 Drèze/Sen 166 f.

72 *The Japan Times*, 3. 9. 1992.

73 Siehe Wesel in Opitz 108 und Drèze/Sen 91.

74 Drèze/Sen 6, 214, 278, 263 f., 277.

75 Drèze/Sen 4, 48; Foster 164, 239.

76 Drèze/Sen 71, 274. Hunger als Mittel der Kriegsführung gegen die eigene oder okkupierte Bevölkerung spielt(e) in Äthiopien, dem Sudan, Moçambique und Osttimor eine wichtige Rolle; Wesel in Opitz 106, Meyns in Nohlen/Nuscheler 203; außerdem Volker Matthies, *Äthiopien, Eritrea, Somalia, Djibouti. Das Horn von Afrika.* München: C. H. Beck 1992, 49 und 78.

77 Drèze/Sen 47, 257, 260, 251, 252, 270, 276.

78 Drèze/Sen 172–178.

79 Foster 286–289; so auch Lele in Ranis/Schultz 195, die die Förderung der Produktivität und die Erschließung neuen Landes damit verbindet; siehe zu dem Thema auch Meyns in Nohlen/Nuscheler 204 f., der eine Kombination von Subsistenz- und Exportanbau empfiehlt.

80 Der Protektionismus der Industrieländer wird oft übertrieben dargestellt. Die Nicht-Rohstoffexporte der Entwicklungsländer (einschließlich Textilien und Bekleidung) wuchsen auch in den achtziger Jahren in zuvor nicht gekanntem Maße. – Laut *Spiegel* (Nr. 4, 1992) geben die 24 westlichen Industrieländer über 300 Milliarden Dollar pro Jahr für ihre Agrarpolitik aus. Jeder deutsche Haushalt zahlt jährliche etwa 1600 DM zur Unterstützung der Landwirtschaft (das heißt der Agrarindustriellen, die über eine gut organisierte Lobby sowie zahlreiche willfährige Politiker verfügen). 114 000 Dollar soll jede Arbeitsstelle in der US-Stahlindustrie pro Jahr kosten, die durch Protektionismus gerettet wurde, und in Kanada soll ein Dollar Lohn in der durch Importrestriktionen geschützten Textilindustrie die Gesellschaft 70 Dollar kosten (nach *HDR* 63 f.). Nach Bauer erklärt sich das Paradox von Entwicklungshilfe und gleichzeitigem Protektionismus gegen deren Folgen dadurch, daß es für beide Seiten starke Lobbies gibt (Bauer 49).

81 Zahlen nach W. Andreff (zitiert bei Vernières 151) und Dell 115. Nafziger (315) macht darauf aufmerksam, daß »Nationalisierung« oft nicht mehr

bedeutet als die Überführung ausländischer Firmen in den Besitz einheimischer Eliten. Der Unterschied von multinationalen und transnationalen Firmen ist für meine Argumentation irrelevant.

82 *HDR* 5 und 52; nach Vernières entfallen 25 Prozent auf die Entwicklungsländer, jedoch konzentriert in NICs, OPEC-Ländern und »Steuerparadiesen« (149); nach Dell (124) entfallen 75 Prozent der Multi-Investitionen auf die OECD-Länder.

83 *HDR* 38 und 52 f.

84 Zirka ein Drittel in die industrielle Produktion, der Rest in Dienstleistungen (Finanzen, Versicherung und Tourismus), Pomfret 151 f.

85 *HDR* 52.

86 Nach *HDR* 52; die US-Multis erzielten 1985-89 in den Entwicklungsländern 14,1, in den Industrieländern 16,9 Prozent Gewinne.

87 *HDR* 53.

88 Gilpin 249 (nicht ohne daß ihnen auch das zum Vorwurf gemacht wird: sie förderten damit die Inflation).

89 Siehe Pomfret 210.

90 Dell 119, vergleiche 120–122 und Pomfret 163.

91 Nohlen/Nuscheler in Nohlen/Nuscheler 47; siehe auch Tetzlaff in Nohlen/Nuscheler 440.

92 Die Ausweisung der Multis aus vielen Entwicklungsländern in den siebziger Jahren war nicht nur nachteilig für die Entwicklungsländer, sondern auch einer der Gründe für die Schuldenkrise, insofern eine durch Kredite finanzierte importsubstituierende nationale Industrialisierung die internationalen Investitionen der Multis ablösen sollte. Das Ergebnis waren wenig Industrie und viel Schulden. Lindert weist darauf hin, daß der Gewinntransfer aus internationalen Investitionen erheblich geringer gewesen wäre, als es nun die Zahlungen für den Schuldendienst sind.

93 Siehe dazu und zur Erläuterung und Differenzierung des Begriffs *WDR* 7 f. und 35; *HDR* 69 f.; Foster 291; Meier 305 und 406; Balassa in Meier 394–399; Krueger in Meier 401–404; Bauer 37; Lindert 270; Ranis/Fei in Ranis/Schultz 102–104; Krueger in Ranis/Schultz 360 f., 369; Findlay in Ranis/Schultz 79 und 92; Sachs 6, 15, 254, 256. *Einwände* bei Meier 306 und Pomfret 70 f. »Export-led growth is the standard case«, heißt es in Reynolds Übersicht über die letzten 140 Jahre wirtschaftlichen Wachstums in der Dritten Welt. Es gibt jedoch »mehrere Ausnahmen« (Reynolds 963).

94 Menzel 11 und Gerald Tan, *The Newly Industrializing Countries of Asia.* Singapore: Times Academic Press 1992, XI.

95 Rolf Knieper, *Nationale Souveränität.* Frankfurt: Fischer 1991, 143.

96 Drèze/Sen 193; Gerald Tan enthält eine Fülle von statistischen Daten zu den asiatischen NICs.

97 Oskar Weggel, *Taiwan, Hongkong.* München: C.H.Beck 1992, 67, 134, 136; Hans W. Maull/Ivo M. Maull, *Korea.* München: C.H.Beck 1987, 92 f.; Woronoff 161; Drèze/Sen 189 f.

98 Meier 31.

99 Woronoff 19; zum Wachstum der Reallöhne siehe Pomfret 91 f.; Krueger in Ranis/Schultz 371; *HDR* 71: Die Industrielöhne in Südkorea stiegen in den drei Jahren bis 1990 um jährlich 20 Prozent; *WDR* 80.

100 Drèze/Sen 184 f., 192 f.; Oskar Weggel 60 ff., 125, 128; vergleiche auch die Human Development Index-Tabellen im *HDR.*

101 Ranis/Fei in Ranis/Schultz 119; Drucker 135; Woronoff 20 und 94.

102 H.W. Maull/I.M. Maull 73; Cassen 22, 355; Huhne 267; Dell 13; Drucker 135; Woronoff 119.

103 Woronoff 20.

104 Zu Umfang und Bedeutung der Entwicklungshilfe für die NICs siehe Woronoff 66, 77, 104, 345; Ranis/Fei in Ranis/Schultz 123; Riddell 160, 245, 248 f., 251; Meier 34.

105 Siehe Meier 411 f. und Pomfret 95; nur ein erheblich verschärfter Protektionismus der Industrieländer wäre ein wesentliches Hindernis dafür. Eine ausführliche Diskussion dieses Themas bei Gerald Tan 147–166.

106 Drucker 134, 137; siehe auch Pomfret 10, Meier 552, Riddell 144 ff. – Nach Nafziger (VII) hat sich das Realeinkommen (pro Kopf) in der Dritten Welt seit 1950 verdreifacht (um jährlich 2,9 Prozent). Diese Wachstumsraten seien historisch beispiellos und höher als die der Industrieländer zu irgendeiner vergleichbaren Periode vor 1950. Subsahara-Afrika jedoch weise seit 1965 negative Wachstumsraten auf. Großbritannien brauchte (1780–1840) 60 Jahre, um sein Realeinkommen zu verdoppeln, die USA 50 Jahre (1840–90) und Japan 35 Jahre (1885–1920). Viele Entwicklungsländer haben dies in der zweiten Hälfte des 20. Jahrhunderts in 20 Jahren geschafft (*WDR* 2). Die Wachstumsraten des Bruttoinlandsprodukts betrugen für die heutigen OECD-Länder 1870–1913 durchschnittlich 2,5 Prozent, 1913–1950 1,9 Prozent und 1950–1973 4,9 Prozent (nach Reynolds 961). Die Wachstumsraten des Bruttoinlandsprodukts der asiatischen NICs lagen 1960-1989 zwischen minimal 7,1 und maximal 10,1 Prozent.

107 In der fünften Auflage des Werks, in dessen erster Nurkse damals dieses Theorem vorgetragen hatte, schreibt der Verfasser Gerald M. Meier (Meier 5): »viele würden nun – nach einem Vierteljahrhundert der Entwicklungserfahrung – den Standpunkt vertreten, daß ›ein Land arm ist wegen miserabler Politik‹« (»a country is poor because of poor policies«).

108 Patrick O'Brien, *European Economic Development: The Contribution of the Periphery.* In: *The Economic History Review*, No. 1, Februar 1982, 1–18. Die Arbeiten von Kuznets, Landes und anderer zeigen, daß die Industrieländer

schon zu Beginn ihrer Entwicklung reicher und vor allem *produktiver* – im agrarischen wie im nichtagrarischen Sektor – waren als die anderen Länder. Angus Maddison (*A Comparison of Levels of GDP Per Capita in Developed and Developing Countries, 1700–1980.* In: *Journal of Economic History*, 1983, 27–41) hat diese These überprüft und – mit gewissen Einschränkungen – bestätigt.

109 Siehe insbesondere Hall 216 f., 220, 223–248; Jones XVII f., XXVIII, 84; Menzel und Gilpin 288–290, 303–305. Inzwischen liegt mit Robert A. Packenhams Studie (*The Dependency Movement. Scholarship and Politics in Development Studies.* Cambridge: Harvard University Press 1992) eine umfassende, präzise und vernichtende Kritik der Dependenztheorien vor. »... die Dependenz-Theorie, in all ihren verschiedenen Formen, stimmt einfach nicht mit den Fakten überein« (Riddell 138); siehe auch Jean Baechler/John A. Hall/Michael Mann (Hrsg.), *Europe and the Rise of Capitalism.* Oxford: Basil Blackwell 1989.

110 So etwa L. H. Gann/Peter Duignan, *Burden of Empire.* New York 1967; Ian Drummond, *Imperial Economic Policy, 1917–1939.* London 1974; L. E. Daves/R. A. Huttenback, *Mammon and the Pursuit of the Empire*, London 1986.

111 Siehe Kromka/Kreul 25–33.

112 Roland Oliver/J.D.Fage, *A Short History of Africa.* Harmondsworth: Penguin 1990, 172–199; nur »mining« (Gold und Diamanten) war »die große Ausnahme von der Regel«; wichtig wurden Afrikas Rohstoffe erst mit dem Zweiten Weltkrieg, als andere Quellen blockiert waren. Der »weitverbreitete Glaube«, daß es in Afrika Armut und Hungersnöte erst seit und durch Kolonialismus, Marktwirtschaft und Verstädterung gebe, ist von John Iliffe (*The African Poor. A History.* Cambridge: Cambridge University Press 1987) gründlich widerlegt worden. Schon A. G. Hopkins hatte sich in seiner grundlegenden Arbeit (*An Economic History of West Africa.* New York: Longman ³1990) über den »Mythos« vom vorkolonialen »Merrie Africa« mokiert, wonach »die vorkoloniale Ära ein Goldenes Zeitalter war, in dem Generationen von Afrikanern ein angenehmes Leben in gut integrierten, reibungslos funktionierenden Gesellschaften führten. Die Mittel für den Lebensunterhalt waren problemlos zugänglich, denn Nahrungmittel wuchsen wild und im Überfluß, und dieses günstige Geschick ermöglichte es den Bewohnern, sich auf Freizeitaktivitäten zu konzentrieren, die, will man einigen Quellen Glauben schenken, in nicht endendem Tanzen und Trommeln bestanden« (10).

113 Crone (24) schätzt 90 Prozent der Bevölkerung; vergleiche Jones 5; siehe auch Paul Kennedy, *Aufstieg und Fall der großen Mächte.* Frankfurt: Fischer 1989, 61 f. und 235 f.

114 Jones 171.

115 Kromka/Kreul 10–17; eine nach Kolonien und Kolonialmächten differenzierte Übersicht gibt Reynolds (956–958, 964); vergleiche auch Menzel

50–52 und Roland Oliver/J. D. Fage 172–199. Es gibt auch linke Autoren, die ähnliche Thesen vertreten (Bill Warren, Michael B. Brown), zum Beispiel die *Imperial-neglect*-These; siehe dazu Gilpin 285 und Hall 245 f.

116 So Susan George; ihren Artikel hatte sie im Auftrag der UNO geschrieben, er wurde als »zu polemisch und politisch« abgelehnt, obleich sie eingewilligt hatte, keine Länder namentlich zu erwähnen. Die UNO als Subsystem der kleptokratischen Drittwelt-Verteilungssysteme – das wäre einer genaueren Untersuchung wert! 1985 verließen die USA, Großbritannien und Singapur die UNESCO aus Protest gegen die Politik und korrupte Verwaltung des senegalesischen Direktors M'Bow. Die Food and Agriculture Organization der UNO in Rom ist seit 16 Jahren das persönliche Lehen des Libanesen Edouard Saouma und ähnelt darin anderen UN-Ablegern in Genf oder Paris. Man verfolge die Kontroverse um die Wiederwahl des Direktors der WHO Nakajima und die einschlägigen Bestechungsfälle. *Time* spricht von einem »elaborierten Patronagesystem« in der UNO. Die Überprüfungen verschiedener UN-Organisationen ergaben zu verschiedenen Zeiten Mißwirtschaft, Verschwendung von Geldern, mangelnde Finanzkontrolle, Betrug, Diebstahl von Pensionsfonds etc. Die Universitäten beziehungsweise Institute der UNO – mit einem Budget von über 50 Millionen Dollar – geben zum Teil lächerlich geringe Beträge für ihren eigentlichen Zweck – Forschung – aus; der »intellektuelle Arm der UNO«, als der sie legitimiert worden waren, scheint vor allem eine kräftig zulangende Hand zu haben. Sogar Willy Brandt hatte die Verschwendungssucht der UNO-Bürokratien kritisiert (Sampson 322) – Klaus Thüsing, Leiter des DED-Büros in Nairobi, erwähnt zum Problem der Verwaltungskosten, daß es Organisationen gebe, »bei denen der allergrößte Teil der Mittel« dafür verwendet werde, »bevor die sogenannten Hilfsbedürftigen überhaupt irgendeine Leistung erreicht. Dieser Vorwurf gilt ganz wesentlich für die UN-Behörden ... Bei ihnen drängt sich manchmal die Frage auf, bedienen die sich eigentlich selbst?« (Nach *Time*, 3. 2. 1992, *The Japan Times*, 6. 10. 1992, 17. 10. 1992 und *Frankfurter Rundschau*, 1. 7. 1992).

117 Bates in Meier 544.

118 Lindsay in Meier 539.

119 Meier 535, *WDR* 10 und 130 f.

120 Nohlen/Nuscheler in Nohlen/Nuscheler 23.

121 *The Japan Times*, 16. 4. 1992.

122 Nohlen/Nuscheler in Nohlen/Nuscheler 83.

123 *Frankfurter Allgemeine Zeitung*, 7. 11. 1992.

124 Riddell 242; Riddells Erklärung dafür ist nicht stichhaltig: Warum sollten Transportprobleme nur sudanesisches, nicht aber ausländisches Getreide betreffen?

125 Bauer 52.

126 Die klassischen Arbeiten zum Thema sind Anne O. Krueger, *The Political Economy of the Rent-Seeking Society.* In: *American Economic Review,* Juni 1974 und Jagdish Bhagwati, *Directly Unproductive, Profit-Seeking (DUP) Activities.* In: *Journal of Political Economy,* Oktober 1982; siehe auch Tetzlaff in Nohlen/Nuscheler 424; Meier 535 f.; Bates in Meier 541 f., 543 f., 546; Pomfret 74, 215 f.; *WDR* 38 f., 79, 80, 98, 130; Pollak in Opitz 151 f.; Todaro 531; Findlay in Meier 539; Ranis/Fei in Ranis/Schultz 114–119; Konrad Adams *FAZ*-Artikel *Die Umwelt als Waffe* (15. 8. 1990) und den *Forbes*-Aufsatz von Norman Gall *The Four Horsemen Ride Again* (28. 7. 1986).

127 Nach *WDR* 79 und 38; außerdem François Bourguignon/Christian Morris, *Adjustment and Equity in Developing Countries. A New Approach.* Paris: OECD 1992, 102 und 25.

128 Siehe Pomfret 216.

129 In einem *Zeit*-Gespräch (7. 2. 1992) mit Günter Grass über die Wiedervereinigung, die politische Rolle des Schriftstellers und ähnliches.

130 Nach Kromka/Kreul 101.

131 Vergleiche dazu *WDR* 4, 45, 70, 72, 152; Menzel 223, Nohlen/Nuscheler in Nohlen/Nuscheler 34 f., 41; Todaro 62, 330; Adelman in Ranis/Schultz 74–76 und vor allem Meier 78 f., 175–177, 451, 553 und Harberger in Meier 93.

132 Siehe dazu Richard S.Eckaus über »Absorptive capacity« in Eatwell 18–20; *WDR* 47; Todaro 489 und Nafziger 310.

133 *The Japan Times,* 23. 1. 1992.

134 Christina Lamb, 187 und 202.

135 Marvin Zonis/Cyrus Amir Mokri in Tareq Y. Ismael/Jacqueline S. Ismael (Hrsg.), *Politics and Government in the Middle East and North Africa.* Miami: FIU Press 1991, 128 ff. – Zur Wirtschaftsentwicklung der Golfstaaten und deren Hemmnissen siehe die Aufsätze von Fred Scholz und John Townsend in Fred Scholz (Hrsg.), *Die Golfstaaten.* Braunschweig: Westermann 1985, vor allem 247 f.; außerdem Lindert 253; Pomfret 3, 33 f.; Nohlen/Nuscheler in Nohlen/Nuscheler 15.

136 *WDR* 38, 112; siehe auch Heinrich Bergstresser/Sibylle Pohly-Bergstresser, *Nigeria.* München: C. H. Beck 1991, 59–66.

137 Lele 8; siehe auch 18, 32, 57 und Nafziger 171.

138 Foster 261 f. Vielleicht ist das ein Grund, warum *food aid* auch bei der Aid-Lobby so populär ist.

139 Riddell 234; zur *Food-aid*-Diskussion siehe Drèze/Sen 86, 95, 119, 274; George 1990, 71–76, Meyns in Nohlen/Nuscheler 208 f.; Riddell 228–235; Bauer 49; Foster 260–277; *WDR* 48; Cassen 156–168; Wesel in Opitz 112–115; Vernières 100; Pomfret sieht (150) wie Cassen die möglichen negativen Folgen von *food aid* nicht als schwerwiegend genug, diese Form der Hilfe einzustellen. Siehe auch Nafziger 359 f.

140 Zitiert nach einem Interview mit der *Frankfurter Rundschau*, 1.7.1992.

141 Dirmoser in Dietmar Dirmoser/Marianne Gronemeyer/Georgia A.Rakelmann (Hrsg.), *Mythos Entwicklungshilfe.* Gießen: Focus Verlag 1991, 23 f. Warum das genannte Argument »wohlfeil« sein soll, ist mir nicht klar. Wenn Dirmoser damit »bereits bekannt, nicht originell und von geringem Unterhaltungswert« meint, kann ich ihm zustimmen, wenn er damit »nicht wichtig« meint, irrt er sich sehr.

142 Riddell IX, 3, 74.

143 Nuscheler in Nohlen/Nuscheler 165.

144 Siehe dazu Riddell 183–216 und die entsprechenden Abschnitte bei Cassen.

145 Siehe Nuscheler in Nohlen/Nuscheler 165 f.; Meier 232–237; Heimpel/Schulz in Lele 476–519; Todaro 481–499; Riddell 267–278; *WDR* 47, 48; Wesel in Opitz 115 f. Bei Cassen findet sich die schöne Formulierung, »daß Entwicklungshilfe in enger Beziehung zu wirtschaftlichem Wachstum stehen kann oder auch nicht – je nach Umständen« (33). Lele (3) schreibt zu Cassens Arbeit, sie sei mit der »ausdrücklichen Absicht, zusätzliche Entwicklungshilfe zu mobilisieren«, geschrieben worden.

146 Nohlen/Nuscheler in Nohlen/Nuscheler 52 konstatieren die »weithin konsensfähige Einsicht..., daß ohne interne Strukturveränderungen weder eine Neue Weltwirtschaftsordnung noch mehr Entwicklungshilfe das Entwicklungsproblem lösen können«; siehe auch Meier 235.

147 Riddell 154 f., Lele/Jain in Lele 107.

148 Foster 292; Cassen 20; George 1990, 80.

149 Lele X.

150 In Lele 515; dort ist auch eine Gegenposition angeführt. *Weniger* Entwicklungshilfe, die besser eingesetzt wird, hielte auch Todaro (495 f.) für »einen positiven Schritt«.

151 Volker Matthies 53 und 63. Matthies spricht von einer »sträflichen Vernachlässigung der produktiven Eigenkräfte der somalischen Wirtschaft«; siehe auch 55, 111, 116 f.

152 Groffebert in Dietmar Dirmoser 195 und 199 f.

153 Siehe Bauer 47; Lele 22, 32; *WDR* 47, 48.

154 So zuletzt Erhard Eppler im *Spiegel*, Nr. 37, 1992.

155 Dembinski 51 f. und Riddell 270.

156 Huhne 265. Nach Nafziger (358) machte die Entwicklungshilfe für die *Low-income*-Länder (außer China und Indien) 1986 etwa 60 Prozent ihrer Bruttoinvestitionen aus und 9 Prozent des Bruttosozialprodukts, zum Beispiel Sambia: 31,2 Prozent des Bruttosozialprodukts, Somalia 27,8, Bangladesh 9,5.

157 Lele 18 f.; Lele in Ranis/Schultz 190.

158 Lele in Ranis/Schultz 212; 72 Dollar pro Jahr kosten die Nahrungsmit-

tel, die das Überleben eines Menschen in den armen Entwicklungsländern ermöglichen (Foster 91).

159 Cassen 23 f. Das Argument, daß Entwicklungshilfe ja den Regierungen der Entwicklungsländern nicht *bar* ausgezahlt werde, sondern ihnen nur in geldwerten Leistungen wie Expertengehältern und Maschinen zukomme, trifft für einen Teil der Entwicklungshilfe zu. Entwicklungshilfe stärkt so die Position der betreffenden Regierungen nicht direkt durch finanzielle Zuwendungen, sondern indirekt, indem sie Gelder, die für die subventionierten Entwicklungshilfeprojekte (Kraftwerke, Straßen, Bewässerungsanlagen zum Beispiel) ausgegeben worden wären, anderen Zwecken verfügbar macht. Geld ist nun einmal sehr mobil (siehe dazu Meier 236). Wenn also, wie in Malawi geschehen, das gesamte Budget für den Straßenbau durch Entwicklungshilfe gedeckt ist, können Gelder, die sonst für den Straßenbau verwendet worden wären, anderen – von den Regierenden allein bestimmten – Zwecken zugänglich gemacht werden. Entwicklungshilfeprojekte kommen immer bestimmten Orten oder Regionen, bestimmten Personen oder Personengruppen zugute – und anderen nicht. Entwicklungshilfeprojekte können so auch der Bedienung der Klientel oder der Schaffung einer neuen dienen (vergleiche Nafziger 159). Die überwiegende Ablehnung, auf die die Entwicklungshilfestrategie der Deckung von Grundbedürfnissen (*basic needs*) bei den Regierungen der Entwicklungsländer stieß, könnte auch dadurch begründet sein, daß diese Strategie in erster Linie den Teil der Bevölkerung favorisierte, der für die Herrschaftssicherung der Eliten irrelevant ist.

Etwa ein Drittel der Entwicklungshilfe der OECD-Länder besteht aus Krediten zu günstigeren als den Marktbedingungen beziehungsweise direkten *grants* (10,5 Milliarden von 10,9 Milliarden Dollar im Jahr 1986; nach Nafziger 353), das heißt direkten finanziellen Zuwendungen. Etwa 30 Prozent der Entwicklungshilfe der genannten Länder geht an die multilateralen Organisationen (IWF zum Beispiel), die wiederum zu einem erheblichen Teil direkt finanzielle Hilfe leisten. Nach Angaben der Weltbank machten 1987 die Netto-Zahlungen offizieller Entwicklungshilfe 8,3 Prozent des Bruttosozialprodukts Afrikas aus (nach MacDonald 92). Als Kuriosum seien hier noch zwei Länder angeführt, bei denen die Entwicklungshilfe höher ist als das Bruttosozialprodukt: Kap Verde und die Malediven (nach Nafziger 358).

160 *Spectator*, 25. 4. 1992.

161 Botswana ist ein Beispiel erfolgreicher Diversifizierung mit einer der höchsten Wachstumsraten des Bruttoinlandsprodukts der Welt und eine der vier »einigermaßen funktionierenden Demokratien« der Region (Rüland/Werz in Opitz 259); das Bruttosozialprodukt ist mit 2 200 Dollar pro Kopf das dritthöchste in Schwarzafrika (nach Gabun und Südafrika) (*WDR* 102).

Costa Rica wird von Drèze/Sen als »eine der außergewöhnlichsten Erfolgsgeschichten der letzten Jahrzehnte« in Bezug auf Gesundheit, Ernährung, Lebenserwartung, Erziehung etc. bezeichnet (240); das Land verband wirtschaftliches Wachstum mit abnehmender Ungleichheit (Pomfret 10; dagegen Drèze/Sen 242) und einem Höchstmaß an politischer und bürgerlicher Freiheit (*WDR* 51). Karge Böden und geringe natürliche Ressourcen mögen mit verhindert haben, daß das Land den Weg vieler anderer lateinamerikanischer Länder ging.

Mauritius, das »afrikanische Wirtschaftswunderland« (Tetzlaff in Nohlen/Nuscheler 429), ist ebenfalls ein Beispiel gelungener Diversifizierung und eine »einigermaßen funktionierende Demokratie« (*HDR* 72 f., *WDR* 93). Bewundernswert ist auch der Erfolg eines so armen Landes wie Kap Verde bei der Förderung des allgemeinen Wohlstands seiner Bürger (siehe Drèze/Sen 133–138). Kap Verde hatte 1980–1989 ein Pro-Kopf-Wachstum des Bruttoinlandsprodukts von 3,2 Prozent, während das Pro-Kopf-Bruttoinlandsprodukt in der Region insgesamt im gleichen Zeitraum durchschnittlich um 1,7 Prozent sank.

162 Beispiele dafür im *WDR* 70 f., bei Kromka/Kreul 115 f. und in Erich Wiedemanns Bericht über Ghana im *Spiegel*, Nr. 45, 1992.

163 Siehe dazu Braun/Rösel in Nohlen/Nuscheler 262–265 und Wöhlcke in Opitz 238.

164 Crone 77.

165 *The Japan Times*, 24. 4. 1992.

166 *The Japan Times*, 16. 6. 1991.

167 Nach Girling in King 141 und *WDR* 150 f.; das gilt auch für die letzten 100 Jahre: Reynolds 961 und 969.

168 Sie stimmt übrigens selbst mit den strengen Anforderungen John Rawls' (*Eine Theorie der Gerechtigkeit.* Frankfurt: Suhrkamp 1975) überein, wonach Ungleichheit dann und nur dann gerechtfertigt ist, wenn die weniger Begüterten und Chancenärmeren sonst noch weniger begütert und chancenärmer wären. Es ist freilich unklar, ob Rawls' Postulate auch auf der internationalen Ebene Anwendung finden sollen. Auch Rawls' Theorie sozialer Gerechtigkeit geht aus vom bereits produzierten Reichtum, der nach vereinbarten Regeln beziehungsweise einem Sozialvertrag verteilt werden soll, nicht von der Produktion des Reichtums. Siehe dazu Corbridge 125 und 134 f.

169 Zahlen nach Susan George, *Uses and Abuses of African Debt*, 335 f. Die Schulden der afrikanischen *Low-income*-Länder machten 1987 102,1 Prozent ihres Bruttosozialprodukts aus, die der vergleichbar armen asiatischen Länder 18,6 Prozent (nach Berthélemy 35).

170 Lever/Huhne 45; nach Dembinski (57) dauerte der Ölschock für die nicht ölproduzierenden Entwicklungsländer nur drei Jahre. 1977 war der alte Stand der Handelsbilanzen erreicht, weil der Ölpreisaufschwung auch eine Erhöhung der anderen Rohstoffpreise nach sich gezogen hatte, »was die Härte

des Ölschocks für einen großen Teil der Entwicklungsländer ausglich«. Berthélemy (19 f.) weist darauf hin, daß die Kreditvergabe der Banken in den Siebzigern insofern ökonomisch rational war, als die (sehr einflußreichen) Prognosen des Club of Rome höhere Rohstoffpreise wahrscheinlich machten und diese in der Tat 1974/75 erheblich gestiegen waren. Das Verhältnis Schulden/Exporte war 1979 für die Dritte Welt insgesamt günstiger als 1970 (Berthélemy 21).

171 Ein Konkursrecht für zwischenstaatliche Kredite gibt es nicht. Siehe dazu Sangmeister in Nohlen/Nuscheler 356, Lever/Huhne 54 und Dell 138 f.

172 Siehe Lever/Huhne 37 und Kletzer in Ranis/Schultz 588 (zu Peru); zu den Machtverhältnissen zwischen Schuldnern und Gläubigern siehe Dembinski 80 und 82–84.

173 Siehe Sampson 286, 359 und Buiter/Srinivasan in King 413, 414.

174 Vergleiche Sangmeister in Nohlen/Nuscheler 343 f. und Berthélemy 55 f.; zu den höheren Risiken von Auslandskrediten siehe dort 344 ff. und Dembinski 10 f. Die Investitionen der Multis haben für die Entwicklungsländer den Vorteil, daß eine Fehlinvestitition zu Lasten der Multis geht – ein fehlinvestierter Auslandskredit aber muß gleichwohl vom Schuldnerland zurückgezahlt werden.

175 Siehe Sangmeister in Nohlen/Nuscheler 347 f.

176 Meier 250; siehe Meiers Darstellung des Problems 247–251 sowie *HDR* 47, Lindert 546–551, Vernières 152 und die von Anne O.Krueger skizzierten Szenarien des Miß- und Gelingens (vor allem »Case 5: Everything that can go wrong does«) in Sachs 217–220.

177 Siehe Meier 249 und Berthélemy 48 f.

178 Vergleiche Sachs in Sachs 13.

179 Siehe *WDR* 251.

180 Zahlen nach Pomfret 154.

181 Bauer 59.

182 Siehe OECD, *External Debt Statistics* (Dezember 1991), 13.

183 Sangmeister in Nohlen/Nuscheler 357; siehe auch Dell 136 und Vernières 152.

184 Sachs in Sachs 13.

185 *WDR* 123; in den sechziger und siebziger Jahren wurden die Gelder in Bolivien zu 88 Prozent und in Kolumbien zu 99 Prozent Konsumtionszwecken zugeführt.

186 *WDR* XI.

187 152 nach Weltbank-, 147 nach OECD-Zahlen; Todaro gibt 1989 die Zahl der Entwicklungsländer mit 144 an, Erhard Eppler 1992 (*Spiegel*, Nr. 37, 1992) mit 125: »Schuldnerländer« sind also nicht unbedingt gleich »Entwicklungsländer«.

188 Siehe George 1989, 245.

189 Vergleiche Sangmeister in Nohlen/Nuscheler 338 und *WDR* 125.

190 Bauer 59.

191 Siehe Lever/Huhne 129 und *WDR* 2.

192 Nach Pomfret 143. Die langfristigen Schulden der Entwicklungsländer machten 1982 110 Prozent der Exporte aus. 1913 waren es im Fall Kanadas 860, Lateinamerikas 520 und Japans 230 Prozent (Corbridge 102). Zwischen 1979 und 1983 fanden Umschuldungsverhandlungen zwischen 20 Entwicklungsländern und den bilateralen öffentlichen Gläubigern statt (Corbridge 40 f.). Corbridge betont, daß für eine Schuldenkrise nicht so sehr die Höhe der Schulden entscheidend sei oder die Frage, ob diese jemals vollständig amortisiert werden, sondern die Bereitschaft des Schuldners zum kontinuierlichen Schuldendienst, also vor allem zu Zinszahlungen (15 und 51). Dembinski weist darauf hin, daß sich Polen 1980, zwei Jahre vor der mexikanischen Krise, in derselben Situation wie Mexiko befunden hatte, ohne daß dies damals als Anlaß zu einer Schuldenkrise betrachtet wurde.

193 Buffie/Sangines Krause in Sachs 155. Siehe auch Edwin Williamson, *The Penguin History of Latin America.* Harmondsworth: Penguin 1992, 405. Williamsons Darstellung der lateinamerikanischen Schuldenkrise findet sich auf den Seiten 364–372, sein Gesamtüberblick über die neuere politökonomische Geschichte Lateinamerikas (»Nationalism and Development: An Overview«) 313–372. Daß die Probleme Lateinamerikas (inklusive der Schuldenkrise) in erster Linie dessen internen Widersprüchen und der jeweiligen nationalen (Wirtschafts-)Politik geschuldet sind, zeigt auch Jeffry A. Frieden, *Debt, Development, and Democracy. Modern Political Economy and Latin America, 1965–1985.* Princeton: Princeton University Press 1991.

194 Nach Daniel Yergin, *The Prize.* New York: Simon & Schuster 1991, 731.

195 Nach Berthélemy 45 und 96 und Dembinski 67. Siehe auch 92 f. und MacDonald 189.

196 George 1992, 82 und 84.

197 Henry 20.

198 Nach George 1989, 42.

199 Henry 20 f.

200 Zur genaueren Klärung dieser Termini siehe Sangmeister in Nohlen/Nuscheler 339.

201 Lindert 562 f.: »Es sieht nicht so aus, als ob viele Schuldnerländer in den achtziger Jahren erhebliche Ressourcentransfers an die Gläubigerländer aufrechterhalten hätten ... Offenbar haben die meisten nicht viel zurückgezahlt.«

202 Nach Todaro 413.

203 Todarao 406; die Schuldendienst/Exporteinkommen-Rate war ihm zufolge 1970: 13,5 Prozent – 1980: 13,2 Prozent – 1986: 21,9 Prozent – 1988: 19,3 Prozent.

204 *HDR* 50.

205 Siehe dazu die Übersicht im *WDR* 248 f.

206 Nach Sangmeister in Nohlen/Nuscheler 340.

207 Todaro 417; siehe auch Huhne 251: Die fünfzehn höchstverschuldeten Entwicklungsländer hatten bis 1987 positive Pro-Kopf-Wachstumsraten des Bruttoinlandsprodukts, 1988 –1,1 und 1989 –1,4. Die der kleinen *Low-income*-Länder waren durchgehend positiv.

208 In Nohlen/Nuscheler 341.

209 Nach Tetzlaff in Nohlen/Nuscheler 439; siehe auch Opitz in Opitz 29: Nettobetrag der finanziellen Gesamtleistungen aus allen Quellen etc.

Die OECD-Zahlen unterscheiden sich von denen der Weltbank und des IWF, insofern sie die osteuropäischen Schuldnerländer ausschließen, aber mehr als 50 Entwicklungsländer und Territorien zusätzlich berücksichtigen. Die Gesamtzahl der erfaßten Länder und Territorien beträgt 151, darunter Saudi-Arabien und Singapur, Taiwan und Kuwait, die Vereinigten Arabischen Emirate und Südkorea, Hongkong und Barain und andere Länder ohne Schuldendienst-Probleme. Unter Netto-Ressourcen-Fluß versteht die OECD einfach Netto-Auszahlungen (*net disbursements*). Für den Zeitraum 1983 bis 1991 ergeben sich so folgende Zahlen (etwa die Hälfte der Netto-Auszahlungen erfolgte an die Entwicklungsländer niederen Einkommens (*low-income countries*):

	1983	1984	1985	1986	1987	1988	1989	1990	1991
A) Total Net Resource Flows	94,8	85,3	83,4	82,2	93,7	106,8	127,7	137,2	137,5
B) Total Debt Service	132,8	128,0	147,6	141,4	143,7	165,3	163,6	159,1	150,9
A) minus B)	–38,0	–42,7	–64,2	–58,8	–50,0	–58,5	–41,9	–21,9	–13,4

Entgegen immer wieder vorgetragenen Behauptungen sind die Saldo-Zahlungen für Afrika, vor allem für Subsahara-Afrika, positiv. Afrika erhält mehr Geld aus dem Norden als es dorthin überweist:

Afrika

	1983	1984	1985	1986	1987	1988	1989	1990	1991
A) Total Net Resource Flows	17,5	18,5	21,6	24,6	26,4	29,1	31,4	34,4	–
B) Total Debt Service	22,9	22,1	25,0	23,7	20,7	27,2	29,2	28,1	–
A) minus B)	–5,4	–3,6	–3,4	0,9	5,7	1,9	2,2	6,3	–

Subsahara-Afrika

	1983	1984	1985	1986	1987	1988	1989	1990	1991
A) Total Net Resource Flows	12,8	11,5	14,5	19,4	22,3	22,4	23,5	24,1	24,6
B) Total Debt Service	9,6	10,3	12,5	11,9	11,0	13,1	13,0	12,3	11,5
A) minus B)	3,4	1,2	2,0	7,5	11,3	9,3	10,5	11,8	13,1

Subsahara-Afrika (*low income countries*)

	1983	1984	1985	1986	1987	1988	1989	1990	1991
A) Total Net Resource Flows	11,5	7,8	8,8	13,4	15,6	15,6	15,5	17,2	-
B) Total Debt Service	7,1	7,8	9,2	8,0	7,5	9,2	9,7	8,6	-
A) minus B)	4,4	0,0	-0,4	5,4	8,1	6,4	5,8	8,6	-

(alle Zahlen nach OECD, Table III.1, III.6, III.7, III.8, V.2, V.10, V.12, V.14; siehe auch Berthélemy 65)

210 Nach Nuscheler in Nohlen/Nuscheler 156; vergleiche auch die Zahlen bei Nissen in Nohlen/Nuscheler 214 zum Pro-Kopf-Bruttosozialprodukt und Wachstumsraten.

211 *HDR* 1.

212 Petersen in Opitz 196.

213 Zitiert nach Buiter/Srinivasan in King 414.

214 Urrutia in Sachs 213.

215 Eine ausgezeichnete, knappe Darstellung der vergleichbaren Verschuldung der Philippinen gibt Rolf Hanisch, *Philippinen.* München: C. H. Beck 1989. Kapitalflucht war auch nach Ausbruch der Schuldenkrise einer der Hauptgründe für die Defizite vieler Entwicklungsländer (bis 1985 zirka 200 Milliarden Dollar nach Todaro). 1976–1985 gingen nach Todaros Angaben (403, 405, 418) zirka 50 Prozent der Kredite der hochverschuldeten Länder als Kapitalflucht in die Industrieländer (Argentinien 62 Prozent, Mexiko 71 Prozent); siehe auch *WDR* 124 und vor allem James S.Henrys brillanten Artikel *Where the Money Went.* Die Kapitalflucht aus Schwarzafrika wird auf 40 Milliarden Dollar geschätzt, die Ägyptens allein auf 50 Milliarden. Ohne Kapitalflucht hätten laut Corbridge (191) 1985 die Auslandsschulden Argentiniens eine Milliarde Dollar betragen (statt 50), die Mexikos 12 (statt 97), die Nigerias 7 (statt 19), die der Philippinen 15 (statt 27) und die Venezuelas –12 (statt 31).

216 Dornbusch/de Pablo in Sachs 44; »1990 waren 94 Prozent der langfristigen Auslandsschulden Lateinamerikas öffentliche Verpflichtungen (1980: 75 Prozent)« (Sangmeister in Nohlen/Nuscheler 336); siehe auch *WDR* 115. Díaz-

Alejandro sieht die Nationalisierung der Schulden als Folge des extremen Drucks, den IWF und die US-Banken auf die lateinamerikanischen Regierungen ausübten (nach Corbridge 151).

217 *Spiegel*, Nr. 21, 1992.

218 Nach den Zahlen bei Todaro 406.

219 Henry 21; wahrscheinlich seien die lateinamerikanischen Länder mit Ausnahme Brasiliens Netto-Gläubiger der USA, meint Henry.

220 *Zeit*, 29. 5. 1992.

221 Gemeint sind die eingangs von mir kritisierten Zahlen des *HDR* des UNDP.

222 Siehe Sachs und Haggard/Kaufman in Sachs 26 und 265.

223 George 1989, 240; *WDR* 125 und Susan George, *Uses and Abuses of African Debt*, 336.

224 Die Angaben zu Argentinien nach Williamson 477 und Frieden 226 f. – François Bourguignon/Christian Morris, 48–51, 86 f., 93.

225 Nach Nuscheler in Nohlen/Nuscheler 172; siehe dazu auch Buiter/Srinivasan in King 417.

226 *Time*, 20. 7. 1992 (Deutschland 44 und die USA 101).

227 Siehe Todaro 416 f.: 1980–1987 Bruttoinlandsprodukt 3,4 Prozent, Pro-Kopf-Konsumtion 1,1 Prozent; vergleiche auch die Zahlen bei Meier 245 und Cardoso/Fishlow in Sachs 94. Die Terms of Trade verbesserten sich für Brasilien in den achtziger Jahren (Berthélemy 67).

228 Siehe dazu die entsprechenden Abschnitte bei Foster.

229 *WDR* 2 und Meyns in Nohlen/Nuscheler 203.

230 Matthies in Nohlen/Nuscheler 366; vergleiche Opitz in Opitz 33 und 300.

231 *Time*, 6. 1. 1993.

232 *Zeit*, 21. 2. 1992.

233 *The Japan Times*, 14. 11. 1992. Einen guten Überblick über die aktuelle Situation in Lateinamerika verschafft die Sonderbeilage *Lateinamerika '93* der *FAZ* vom 29. 3. 1993. Danach sind die Gesamtschulden Lateinamerikas zwar von 335 Milliarden Dollar (1982) auf 458 Milliarden (1992) gestiegen, die Schulden in Prozent der Exporte aber von 62 (1982) auf 32 (1992) gesunken. Der Schuldenerlaß 1982–1992 betrug 77 Milliarden Dollar. In den letzten anderthalb Jahren hat nach Angaben von IDB-Präsident Iglesias ein Kapitalzufluß von mehr als 100 Milliarden Dollar stattgefunden.

234 *The Japan Times*, 17. 11. 1992.

235 *The Japan Times*, 5. 7. 1992 und *Zeit*, 21. 2. 1992.

236 *The Japan Times*, 12. 3. 1992.

237 *Spiegel*, Nr. 9, 1992.

238 *The Japan Times*, 9. 4. 1992; nach anderen Angaben 10 Milliarden Dol-

lar und Umschuldung von 31 Milliarden Dollar (*The Japan Times*, 11.4.1992).

239 *The Japan Times*, 8.12.1992.

240 *The Japan Times*, 25.2.1993.

241 *WDR* 127; *The Japan Times*, 3.6.1992 und *Time*, 4.1.1993.

242 Huhne 262; »suggesting at the very least that crime pays«, fügt Huhne hinzu. *The Japan Times*, 11.7.1992.

243 *The Japan Times*, 17.12.1992.

244 *Time*, 20.7.1992; *The Japan Times*, 15.9.1992.

245 Nohlen/Nuscheler in Nohlen/Nuscheler 23.

246 Vergleiche *WDR* 150.

247 *The Japan Times*, 17.12.1992 und 4.1.1993.

248 In den Industrieländern sind es vor allem etliche Banken; zu deren Bilanzierungsgewinnen qua Steuerrecht siehe den oben zitierten *Zeit*-Artikel von Christian Wernicke und George 1992, 63–92 sowie Dembinski 118; die Verlierer sind Landwirtschaft und Industrie. In den Entwicklungsländern sind der Finanz- und Exportsektor die Gewinner (siehe Sachs in Sachs 27 und *WDR* 111) – von den Großmeistern der Kapitalflucht ganz zu schweigen.

249 In Sachs 314.

250 Lever/Huhne 127, 123, 131.

251 George 1989, 244.

252 Huhne 257.

253 Siehe die ausführlichere Darstellung bei Lever/Huhne 123–127.

254 Siehe Dell 85.

255 Nach Huhne 260, George 1989, 57, 65 f., 232 und Todaro 586; siehe auch George 1992, 93–109.

256 Siehe Huhne 260 und *HDR* 51.

257 Nach *New Statesman & Society*, 24.4.1992; *The Japan Times*, 17.6.1992 und 2.11.1992; *Zeit*, 13.11.1992; *Spiegel*, Nr. 52, 1991; *The Japan Times*, 13.3.1992.

258 Nach *HDR* 72; Meier (41) gibt die Rate des realen Wachstums für 1965–1980 mit 8,5 Prozent an, die des Pro-Kopf-Bruttoinlandsprodukts mit 5,7 Prozent; vergleiche außerdem *The Japan Times*, 17.6.1992 und 7.9.1992; Drucker 136; Meier 41.

259 Nach Zahlen der Bank of Japan, Comparative International Statistics, Economic Planning Agency (1989).

260 Siehe zum Beispiel *HDR* 3, Drèze/Sen 189, Lever/Huhne 102.

261 McNamara, nach Sampson 301.

262 *HDR* 3, siehe auch 22; Nissen in Nohlen/Nuscheler 224; Drèze/Sen 189; Meier 42; zu Brasilien als »bürokratisch-autoritärem Staat« lateinamerikanischer Prägung siehe Findlay in Ranis/Schultz 88–93, dort auch Littles Kommentar dazu 97 f.

263 Wesel in Opitz 99 f.

264 Nach *The Japan Times*, 1.12.1991, 5.2.1992 und 30.10.1992; *Zeit*, 24.1.1992 und 13.11.1992; *WDR* 130.

265 Nach *The Japan Times*, 3.6.1992, 2.11.1992 und 21.11.1992.

266 Nach V.S.Naipaul, *India. A Wounded Civilization* (New York: Vintage Books 1978, 44) und Jean-Pierre Péroncel-Hugoz, *Le radeau de Mahomet* (Paris: Flammarion 1984, 83) – ein Buch übrigens, das wie David Pryce-Jones' *The Closed Circle* (New York: Harper Perennial 1991) den Vorteil hat, gründliche Kenntnisse der arabischen Länder mit fehlender Servilität zu verbinden.

267 Nach *The Japan Times*, 28.4.1992.

268 Nach Sampson 348.

269 Nach Robert A. Packenham 207.

270 Siehe dazu Thomas Heberer, *Korruption in China. Analyse eines politischen, ökonomischen und sozialen Problems.* Opladen: Westdeutscher Verlag 1991. Zur Korruption in den Industrieländern und wie sich diese unterscheidet von der hier behandelten siehe den aufschlußreichen *FAZ*-Artikel *Treulose Gesellschaft* (4.7.1992) von Andreas Zielcke.

271 Tetzlaff in Nohlen/Nuscheler 429. Für Indonesien zum Beispiel wird der jährliche Wachstumsverlust durch Korruption auf 2 bis 3 Prozentpunkte geschätzt (*Time*, 29.3.1993).

272 Peter Grubbe: »einfach ein anderes System der Beamten-›Besoldung‹« (*Der Untergang der Dritten Welt.* Hamburg: Rasch und Röhring 1991, 68).

273 »Seek ye first the political kingdom, and everything shall be added unto you«, nach *Spectator*, 25.4.1992.

274 Dazu Roland Oliver/J. D. Fage 259 f. und Nafziger 419. Der Anteil der Regierungsangestellten an den nichtagrarischen Beschäftigten beträgt in den OECD-Ländern 24 Prozent, in den Entwicklungsländern 44 Prozent (Afrika 54 Prozent – Benin, Ghana, Sambia mehr als 70 Prozent –, Asien 36 Prozent, Lateinamerika 27 Prozent). Die Durchschnittslöhne der bei der Zentralregierung Angestellten sind in der Dritten Welt 1,75mal höher als die der Industrie-OECD-Länder: 1,25mal so hoch (Nafziger 441).

275 Nach *WDR* 155; Rolf Hanisch 129; *The Japan Times*, 17.2.1993.

276 Christina Lamb 294; siehe auch 51, 70–72, 104, 171, 174, 293 f. Die allerschlimmsten Bösewichte wie Mobutu, Saddam Hussein oder die burmesischen Generäle zu verjagen, würde sicher eine unmittelbare Verminderung von Unterdrückung und Not zur Folge haben, daß es aber für die Abschaffung von Unterentwicklung, Armut und Unterdrückung genügte, die korrupten Eliten – durch wen? – zu ersetzen, glaubt vermutlich niemand. »... daß die Übernahme der Staatsmacht durch die Armen und Marginalisierten notwendig die Antwort auf die Armut darstellt, muß als naiv und historisch oberflächlich zurückgewiesen werden« (Riddell 143). Auch Interventionen von außen dürften keine langfristigen Lösungen bieten, meint Riddell, und verdeutlicht das Problem am Bei-

spiel Haitis. Er hielt es 1987 für wenig wahrscheinlich, daß die Entfernung der Duvaliers »die wesentlichen Entwicklungsprobleme des Landes gelöst hätte«, und die Geschichte Haitis bis heute gibt ihm da recht. Der Versuch Kennedys, 1963 zusammen mit dem Präsidenten der Dominikanischen Republik, Bosch, die Duvaliers abzusetzen, scheiterte vor allem an »der Abwesenheit einer Alternativregierung, dem Fehlen aller demokratischen Tradition unter der Bevölkerung Haitis und der Korruption, von der die staatliche Verwaltung durchdrungen war« (Riddell 261). Weder das betreffende Land noch die Weltöffentlichkeit würden, so vermute ich, das Maß an Einmischung und Gewaltausübung akzeptieren, das für eine wie auch immer lupenrein legitimierte Regierung von außen nötig wäre.

277 Bernard Lewis, *Race and Slavery in the Middle East. An Historical Enquiry.* Oxford: Oxford University Press 1990, 102.

Erst nach Abschluß des Manuskripts konnte ich folgende Arbeiten zur Kenntnis nehmen, die etliche meiner Argumente schon vor ein oder zwei Jahren vorgetragen beziehungsweise kritisiert haben: Jörg Goldberg/Kurt Hübner, *Leben auf Kosten der Dritten Welt?* In: *Konkret*, Heft 2, Februar 1991; Norbert Trenkle, *Milch von toten Kühen.* In: *Konkret*, Heft 11, November 1991; Jörg Goldberg, *»Springquell des Reichtums« oder Sozialfall?* In: *Blätter für deutsche und internationale Politik*, Nr. 9, September 1992; Reimer Gronemeyer/Claus Leggewie, *Rituale europäischer Selbstkasteiung.* In: *Blätter für deutsche und internationale Politik*, Nr. 1, Januar 1992. – Ein wichtiges Buch zum Thema ist auch Ulrich Menzel/Dieter Senghaas, *Europas Entwicklung und die Dritte Welt. Eine Bestandsaufnahme.* Frankfurt: Suhrkamp 1986.

Bibliographie

(Bauer) Peter Bauer, *The Development Frontier. Essays in Applied Economics.* London: Harvester Wheatsheaf 1991.

(Berthélemy) Jean Claude Berthélemy, *L'endettement du Tiers Monde.* Paris: Presses Universitaires de France 1990.

(Cassen) Robert Cassen and Associates, *Does Aid Work? Report to an Intergovernmental Task Force.* Oxford: Clarendon Press 1986.

(Corbridge) Stuart Corbridge, *Debt and Development.* Oxford: Blackwell 1993.

(Crone) Patricia Crone, *Die vorindustrielle Gesellschaft. Eine Strukturanalyse.* München: dtv 1992 (zuerst 1989).

(Dell) Sidney Dell, *International Development Policies. Perspectives for Industrial Countries.* Durham: Duke University Press 1991.

(Dembinski) Pawel H. Dembinski, *L'endettement international.* Paris: Presses Universitaires de France 1989.

(Drèze/Sen) Jean Drèze/Amartya Sen, *Hunger and Public Action.* Oxford: Clarendon Press 1989.

(Drucker) Peter F. Drucker, *The New Realities.* London: Mandarin 1990.

(Eatwell) John Eatwell/Murray Milgate/Peter Newman (Hrsg.), *Economic Development. The New Palgrave.* London: Macmillan Press 1989.

(Foster) Phillips Foster, *The World Food Problem. Tackling the Causes of Undernutrition in the Third World.* Boulder: Lynne Rienner Publishers 1992.

(George 1989) Susan George, *A Fate Worse than Debt.* Harmondsworth: Penguin Books 1989.

(George 1990) Susan George, *Ill Fares the Land. Essays on Food, Hunger and Power.* Harmondsworth: Penguin Books 1990.

(George 1992) Susan George, *The Debt Boomerang. How Third World Debt Harms Us All.* London: Pluto Press 1992.

(Gilpin) Robert Gilpin, *The Political Economy of International Relations.* Princeton: Princeton Unversity Press 1987.

(Hall) John A. Hall, *Powers and Liberties. The Causes and Consequences of the Rise of the West.* Harmondsworth: Penguin Books 1992 (zuerst 1985).

(Harris) Nigel Harris, *The End of the Third World. Newly Industrializing Countries and the Decline of an Ideology.* Harmondsworth: Penguin Books 1990 (zuerst 1986).

(Henry) James S. Henry, *Where the Money Went.* In: *The New Republic*, 14. 4. 1986.

(Huhne) Christopher Huhne, *Real World Economics. Essays on Imperfect Markets and Fallible Governments.* Harmondsworth: Penguin Books 1990.

(*HDR*) *Human Development Report 1992.* Published for the United Nations Development Programme (UNDP). New York: Oxford University Press 1992.

(Jones) E. L. Jones, *The European Miracle. Environments, Economies and Geopolitics in the History of Europe and Asia.* Cambridge: Cambridge University Press ²1987 (zuerst 1981).

(King) Philip King (Hrsg.), *International Economics and International Economic Policy. A Reader.* New York: McGraw Hill 1990.

(Kromka/Kreul) Franz Kromka/Walter Kreul, *Unternehmen Entwicklungshilfe. Samariterdienst oder die Verwaltung des Elends?* Zürich: Edition Interfrom 1991.

(Lele) Uma Lele (Hrsg.), *Aid to African Agriculture. Lessons from Two Decades of Donors' Experience.* Baltimore: Johns Hopkins University Press 1992.

(Lever/Huhne) Harold Lever/Christopher Huhne, *Debt and Danger. The World Financial Crisis.* Harmondsworth: Pelican Books 1987 (zuerst 1985).

(Lindert) Peter H. Lindert, *International Economics.* Boston: Irwin ⁹1991.

(MacDonald) Scott B. MacDonald/Margie Lindsay/David L. Crum (Hrsg.), *The Global Debt Crisis: Forecasting for the Future.* London: Pinter Publishers 1990.

(Meier) Gerald M. Meier, *Leading Issues in Economic Development.* New York: Oxford University Press ⁵1989.

(Menzel) Ulrich Menzel, *Das Ende der Dritten Welt und das Scheitern der großen Theorie.* Frankfurt: Suhrkamp 1992.

(Nafziger) E. Wayne Nafziger, *The Economics of Developing Countries.* Englewood Cliffs: Prentice Hall ²1990.

(Nohlen/Nuscheler) Dieter Nohlen/Franz Nuscheler (Hrsg.) *Handbuch der Dritten Welt 1. Grundprobleme, Theorien, Strategien.* Bonn: J. H.W. Dietz Nachf. ³1992.

(O'Brien) Patrick O'Brien, *European Economic Development. The Contribution of the Periphery.* In: *The Economic History Review*, No. 1, Februar 1982.

(OECD) OECD, *Financing and External Debt of Developing Countries. 1991 Survey.* Paris: OECD 1992.

(Opitz) Peter Opitz (Hrsg.), *Grundprobleme der Entwicklungsländer.* München: C. H. Beck 1991.

(Pomfret) Richard Pomfret, *Diverse Paths of Economic Development.* New York: Harvester Wheatsheaf 1992.

(Ranis/Schultz) Gustav Ranis/T. Paul Schultz (Hrsg.), *The State of Development Economics. Progress and Perspectives.* Oxford: Basil Blackwell 1990 (zuerst 1988).

(Reynolds) Lloyd G. Reynolds, *The Spread of Economic Growth to the Third World. 1850–1980.* In: *Journal of Economic Literature*, No. 3, September 1983.

(Riddell) Roger C. Riddell, *Foreign Aid Reconsidered.* Baltimore: Johns Hopkins University Press 1987.

(Sachs) Jeffrey D. Sachs (Hrsg.), *Developing Country Debt and the World Economy.* Chicago: University of Chicago Press 1989.

(Sampson) Anthony Sampson, *The Money Lenders.* Sevenoaks: Coronet Books 1988 (erweiterte Taschenbuchausgabe).

(Todaro) Michael P. Todaro, *Economic Development in the Third World.* New York: Longman [4]1989.

(Vernières) Michel Vernières, *Economie des Tiers-Mondes.* Paris: Economica 1991.

(*WDR*) *World Development Report 1991. The Challenge of Development.* Oxford: Oxford University Press 1991.

(Woronoff) Jon Woronoff, *Asia's »Miracle« Economies.* Tokyo: Yohan Publications 1986 (zweite Auflage Anfang 1993 bei M. E. Sharpe, London, erschienen).